GEAR WORLD《ギアワールド》

歯車で動くポップアップカード

月本せいじ
Seiji Tsukimoto

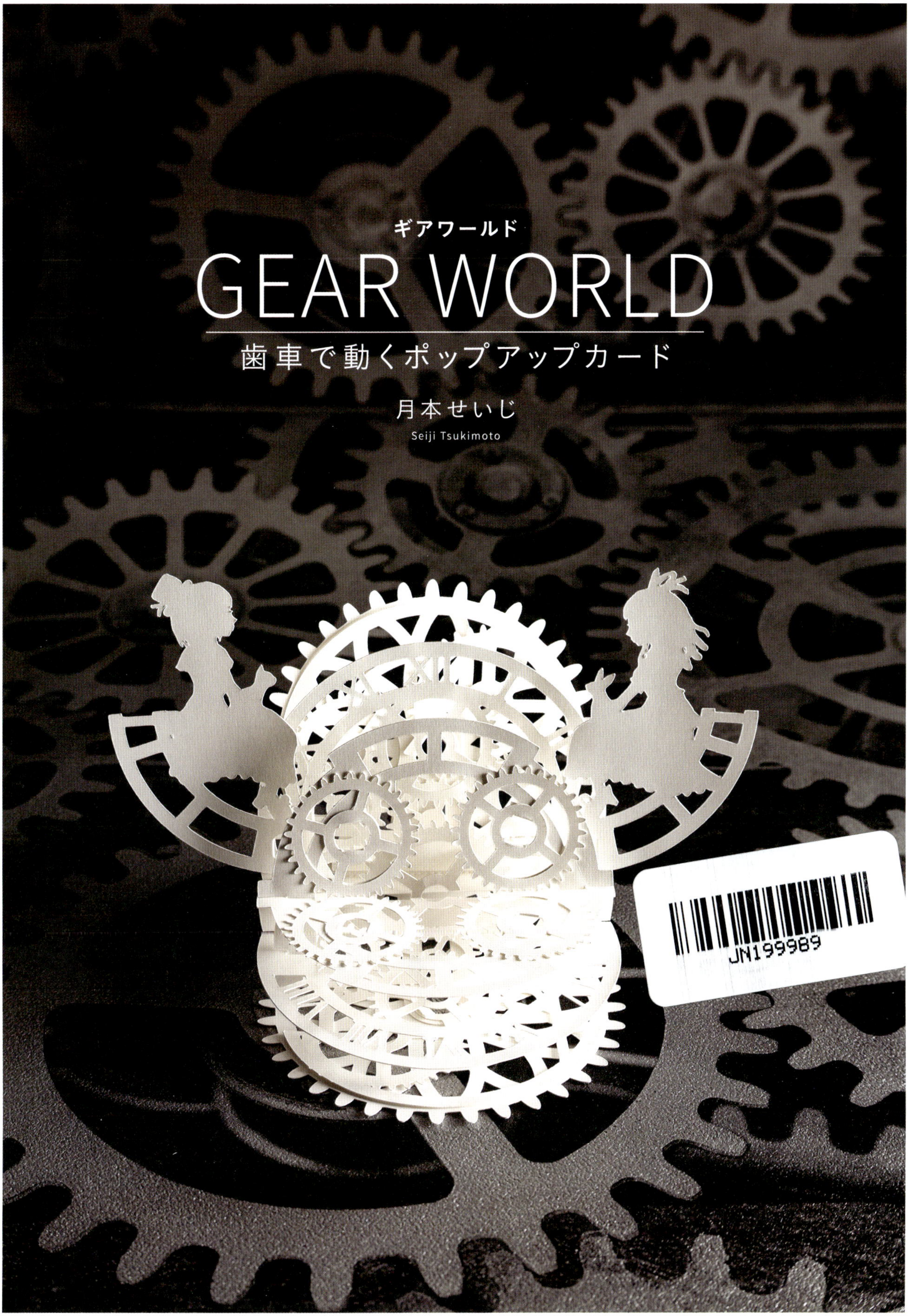

Prologue

1冊目の著書である『SPHERE 不思議な球体ポップアップカード』から3年、今回のアイデアは紙だけで作れて回る構造です。真っ先に思いついたのが歯車でした。そこから歯車を使って連動させたり、動かしたりして楽しめる作品を目指しました。こうして出来上がった作品が歯車ポップアップカード「ギアワールド」です。

もともと機械の中をのぞくのが大好きだったことが、作品に影響したようです。モチーフが時計になったのも、時計の中をのぞくと見えるたくさんの歯車にワクワクしたからだと思います。作品を動かすとそのときのワクワクが思い出されるようです。

私の作品は「紙だけで作れるおもしろいポップアップカード」を目指しています。球体ポップアップカードも今回のギアワールドも、接着剤や糸を使わずに紙だけで組み立てられています。紙だけしか使わないというのは、自分の中でのルールです。このようにルールを決めることは自分なりの創作を楽しむコツで、考えるきっかけになったり達成感を高めてくれたりします。これからも紙だけで作ることにこだわった挑戦を楽しみたいと思っています。

歯車ポップアップカードは飾るだけでなく、動かしても楽しい作品です。大きな作品になればなるほどパーツは多く組み立ても複雑になり、簡単には作れないかもしれません。しかしそっと動かして歯車がかみ合って連動する姿にはとても感動します。

ぜひ皆様にいろいろな作品を作って体験し、楽しんでいただけたら幸いです。

月本せいじ

ギアワールドについて

この本には4種類の形を掲載しています。
スモールは1枚の歯車を動かして絵や文字を変えられるシンプルな作りのもの。
次のミディアムは2枚の歯車が連動して回転する、小さくてシンプルな構造と図案。
ラージは2枚の歯車に連動して中央のモチーフも回転するおもしろさ。
スペシャルはギアワールドの醍醐味で、いちばん世界観を表現しています。それぞれのパーツを動かして楽しめます。
大きくなるほど複雑で組み立て方も難しくなりますので、まずは小さいものから始めるのがお勧めです。

カードを開いた後にも動かして楽しめる、そんな遊べるカードです。

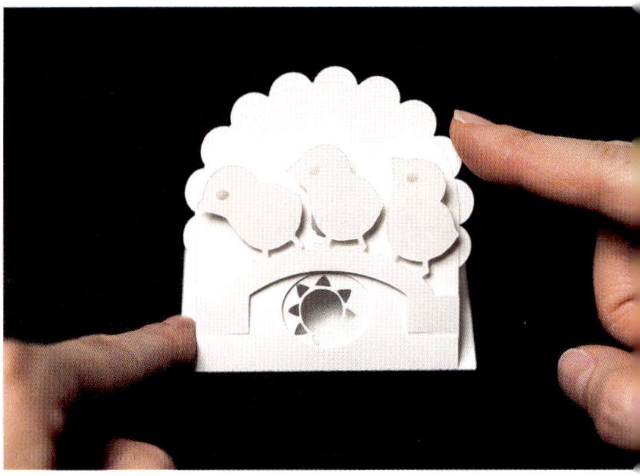

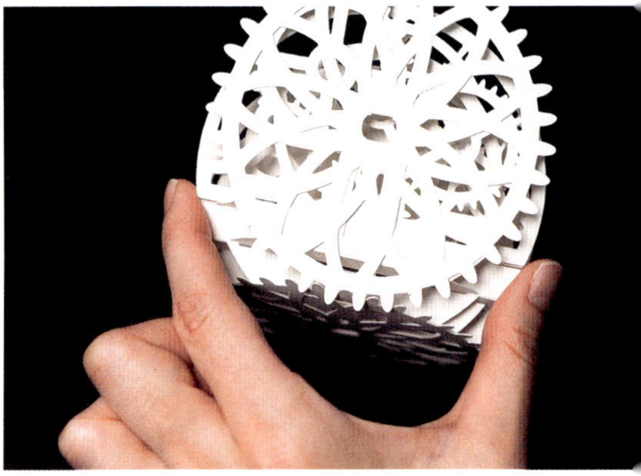

Contents

Small

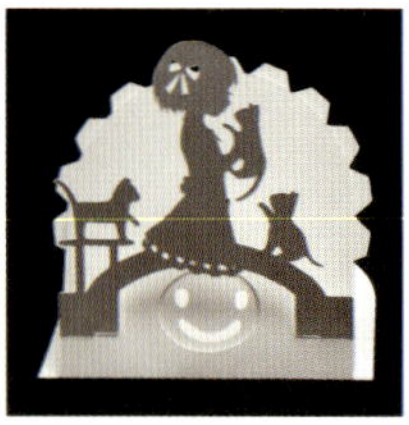

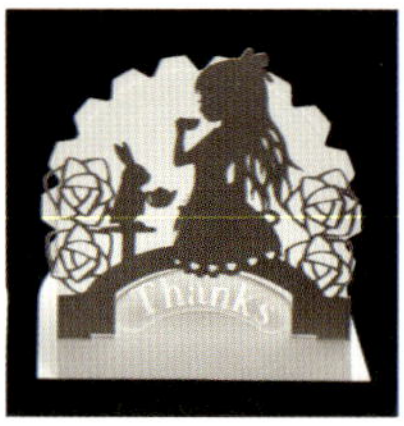

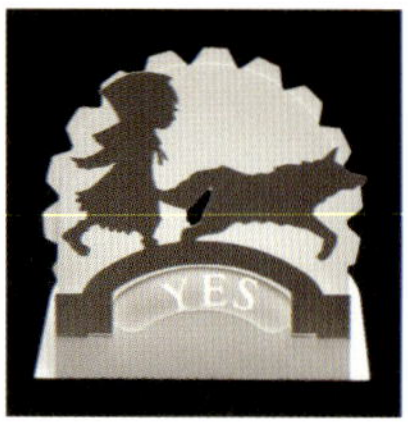

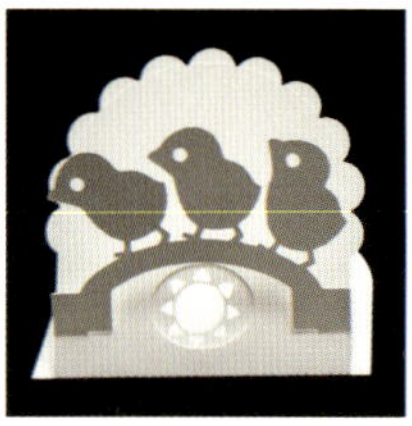

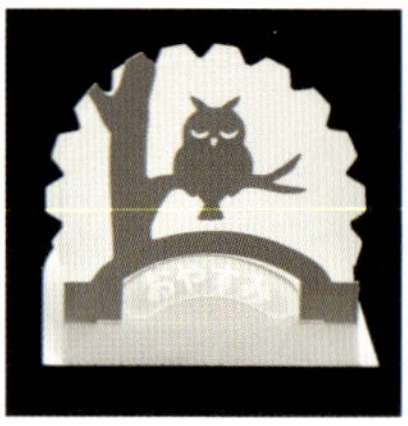

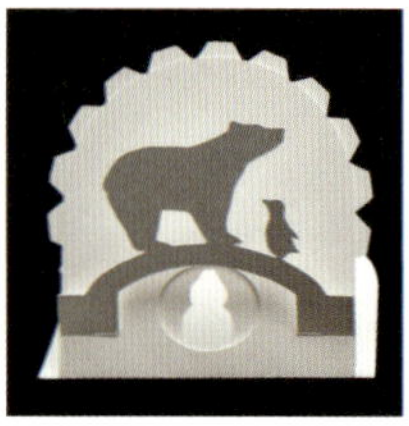

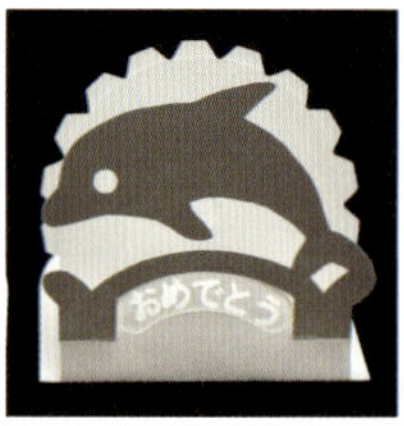

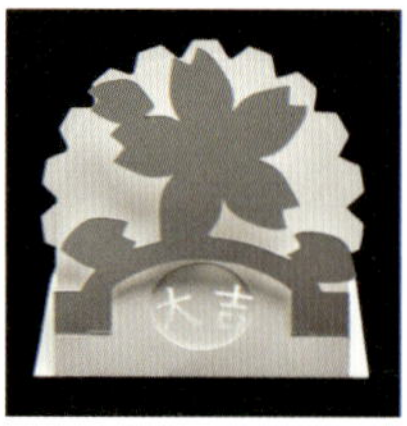

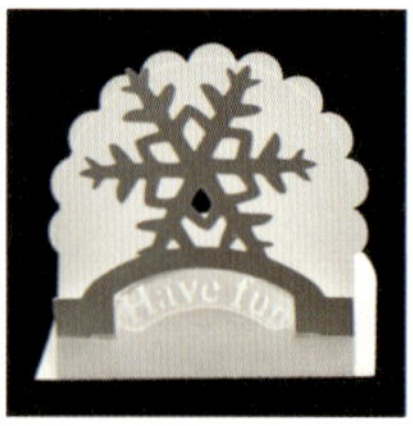

Midium

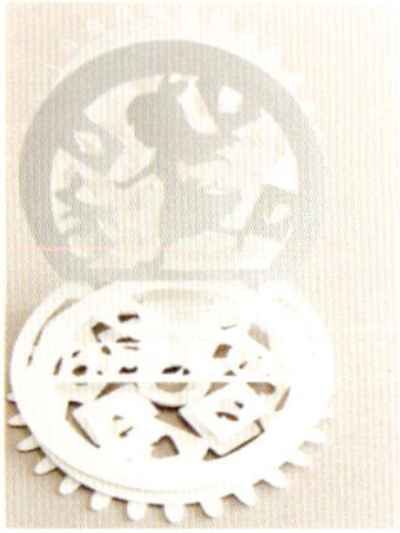

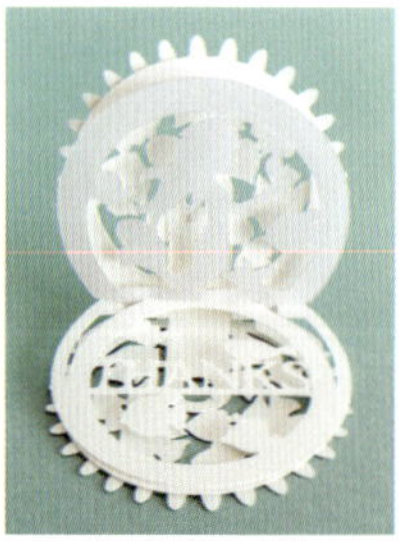

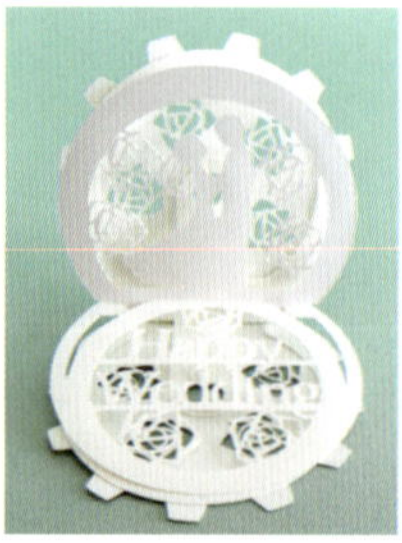

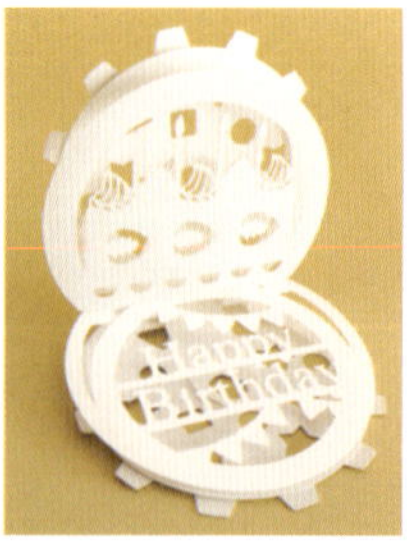

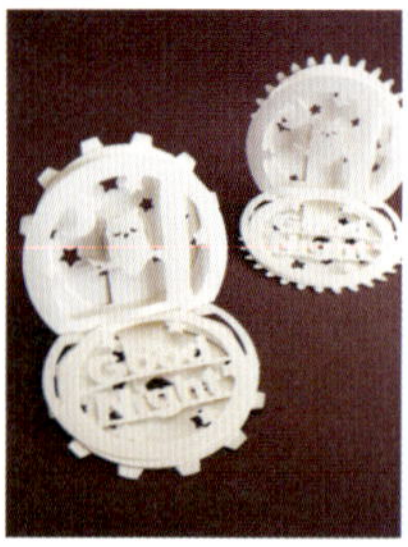

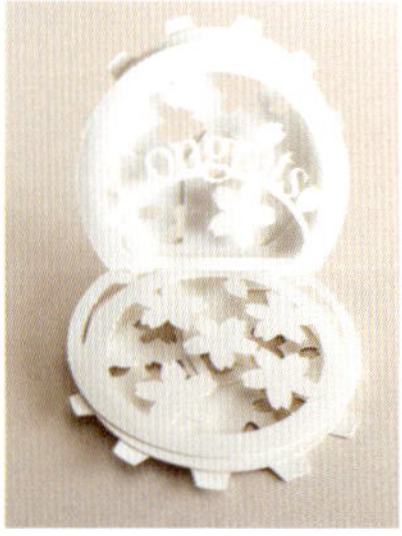

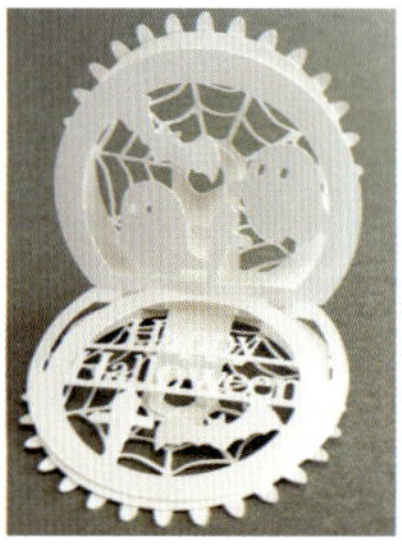

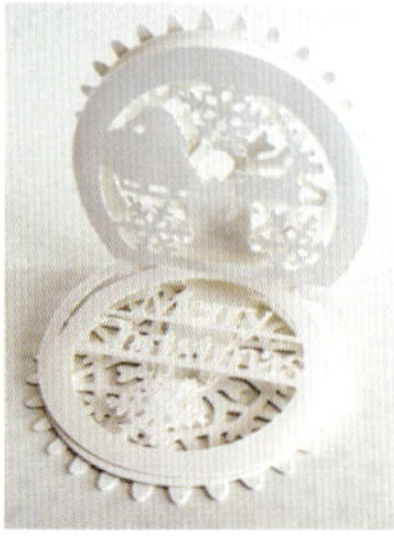

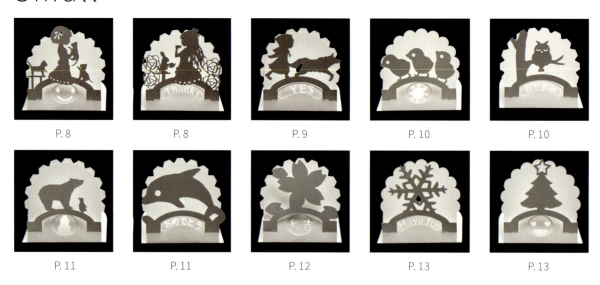

Large

P. 32

P. 33

P. 34

P. 35

P. 36

P. 38

P. 39

P. 40

Special Gear World

P. 48

P. 50

ぱら ぱら

歯車を回すとメッセージが入れ替わるのが楽しいスモールサイズ。ほかのサイズのように歯車が連動する仕組みではなく、ひとつの歯車のみのシンプルな作りなので、カットも組み立て方も簡単です。画用紙を使っても大丈夫。アレンジも簡単なので、まずはここから始めてみてください。

8×8cm　組み立て方 ›››› P.14

Small

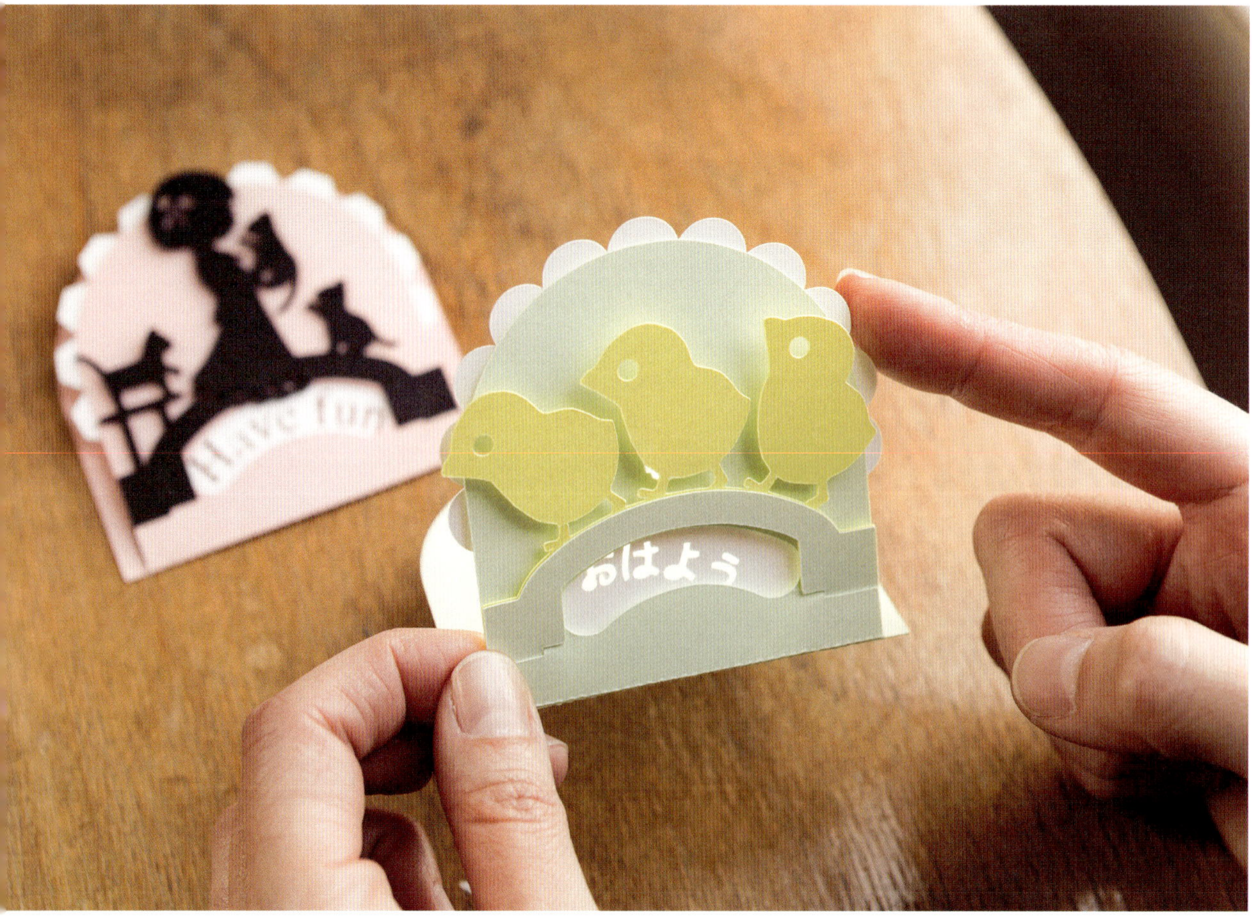

Thanks

Thanks
ありがとう

少女とねこ

ねこを抱き上げるシルエットがかわいいカードです。白とカラーでは、メッセージ部分の窓の形が違います。好みで使い分けてください。

型紙 ›››› P. 66～68, 97

アリスのティータイム

色の組み合わせによってイメージが変わります。モチーフ、歯車、本体の組み合わせを楽しめます。

型紙 ›››› P. 66～68

赤ずきんとおおかみ

動きのあるデザインです。モチーフのパーツに表裏はないので、 向きを変えてもかまいません。

型紙 ›››› P. 66～68

1
歯車の部分を押さえないように、カードを持ちます。

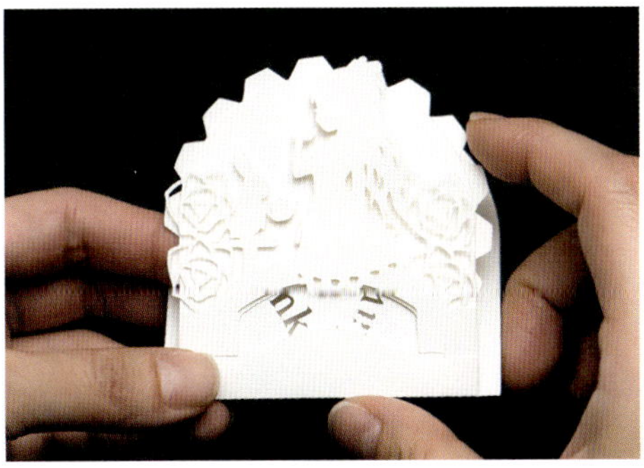

2
歯車を指で回します。

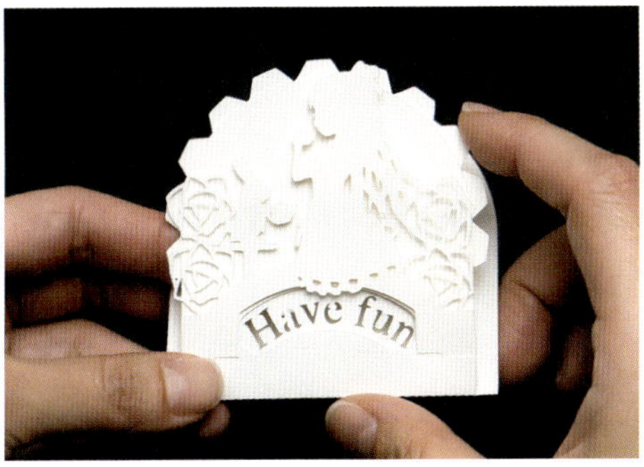

3
歯車に書かれている文字が変わります。

ひよこ

ひよこが3羽、シンプルでかわいいモチーフです。歯車の形はカクカクした形と丸い形の2種類。モチーフに合わせてお好みで。

型紙 ›››› P. 66～68, 99

おやすみふくろう

モチーフは、本体や歯車よりも大きくしないことがポイント。たたんだときもすっきりきれいに見えます。

型紙 ›››› P. 66～68

しろくまとペンギン

北極にいるしろくまと南極にいるペンギン。現実では出会うことのない2匹もカードでは一緒に。

型紙 ›››› P.66,67,69

ジャンプするイルカ

イルカの土台の両端を波のようにカーブにしました。シンプルなのでカットしやすい図案です。

型紙 ›››› P.66,67,69

さくら

さくらの季節は新しい始まりの季節でもあります。そんなお祝いのときに贈りたいカードです。

型紙 ›››› P.66,67,69

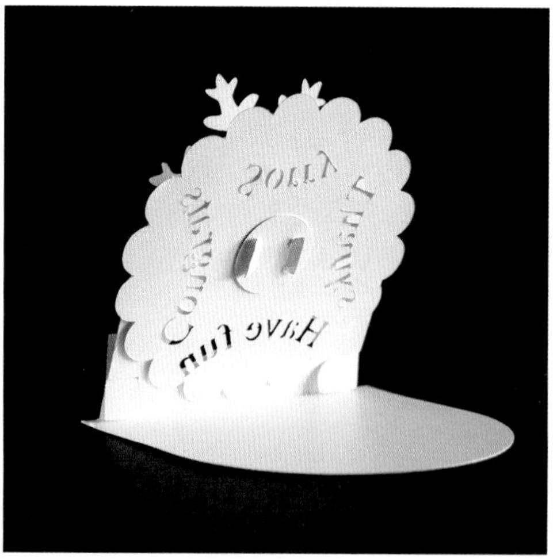

後ろで歯車を止める仕組みです。モチーフのパーツは、両側で本体に差し込んでいるだけです。

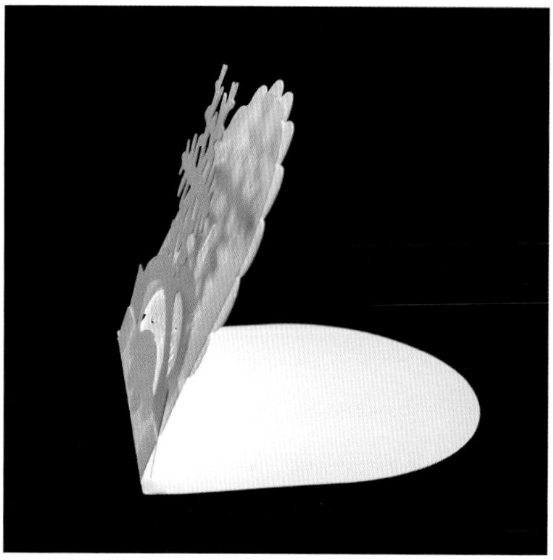

雪の結晶

雪の結晶にはいろいろな形があり、どれも美しいモチーフになります。内側をくり抜くと軽やかできれいに見えます。

型紙 ›››› P.66,67,69

クリスマスツリー

定番のクリスマスカードも、今年は歯車を回してメッセージを伝えませんか。歯車に文章を書き込むのもおもしろい。

型紙 ›››› P.66,67,69

Smallの組み立て方

いちばん簡単で気軽に作れるのがスモールタイプ。歯車の付け方は共通です。

1

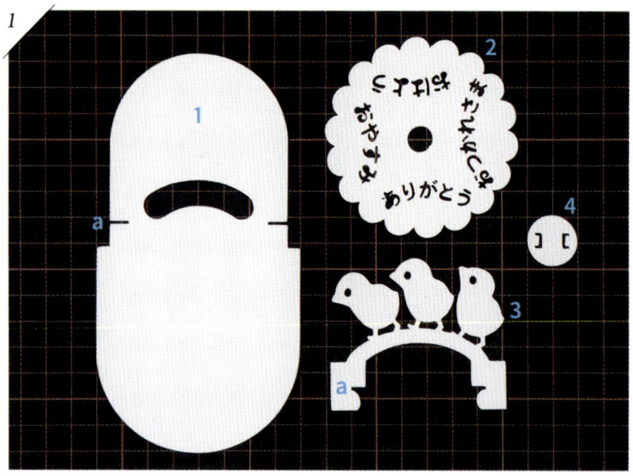

4枚のパーツを組み立てます。同じアルファベットの切り込み同士をはめ込みます。4のパーツはなくてもかまいませんが、使ったほうが歯車をしっかりと固定できます。また表から見たときに穴がふさがるのできれいです。

2

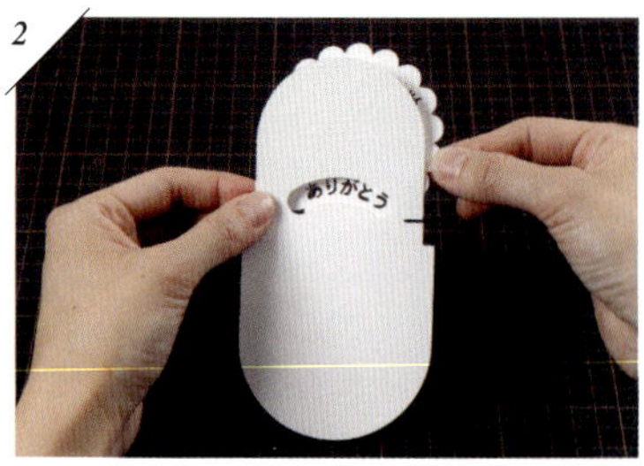

1のパーツの裏に2のパーツを重ねます。1の窓から文字が見え、1の切り込みと2の丸くくり抜いた部分を合わせます。

3

裏から見るとこのようになっています。

4

1の切り込みの爪を裏に押し出して折ります。

5

1を点線の折り線で裏を内側にして折ります。

6

3のパーツをはめ込みます。1と3のaの切り込みを合わせて入れます。

7

反対側のaの切り込みも同様にはめ込みます。

8

裏を向け、4のパーツを通すために、爪の上下の出っ張りをやや曲げます。

9

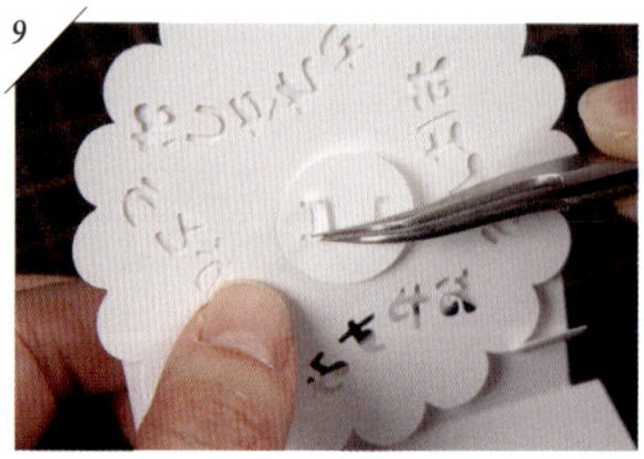

4のパーツを重ねて切り込みに爪を通して引き出します。ピンセットを使うと便利です。

10

引き出したら、爪をまっすぐに伸ばして4のパーツに合わせて折ります。

11

最後にアイロンをかけます。高温で3秒ほど押さえることで、厚紙がパリッときれいになります。

12

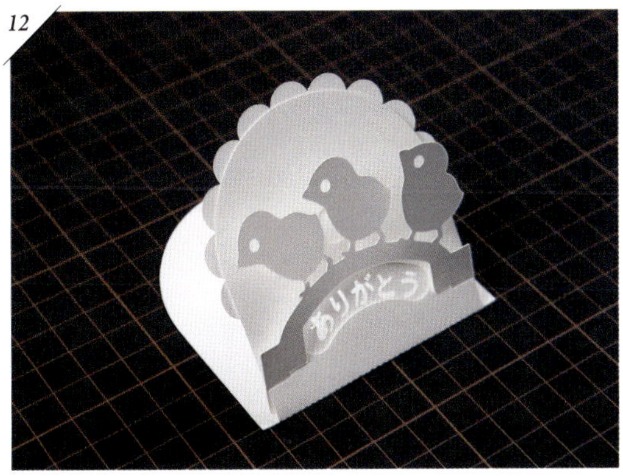

完成です。

自分で文字を書く場合

窓から見えるように文字を書き入れます。定型文ではなく、自分らしいひと言を。

1

文字部分をカットしていない歯車を本体パーツに合わせてセットします。窓の部分に薄く鉛筆で印を付けます。

2

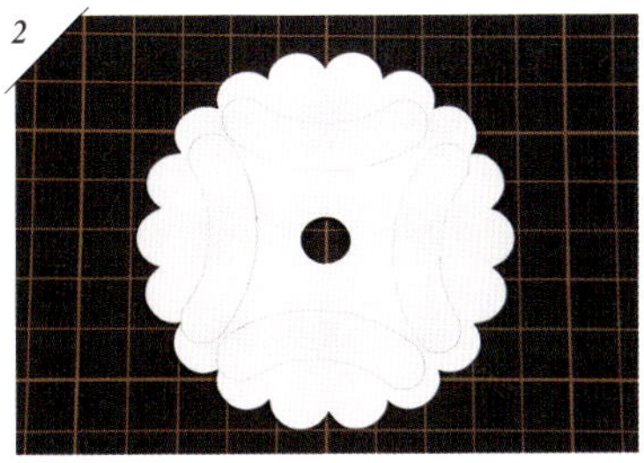

回しながら4か所に印を付け、本体から歯車を外します。

3

印の内側に好きな文字を書き入れます。

4

印を消しゴムで消します。

5

後は同じように組み立てれば完成です。

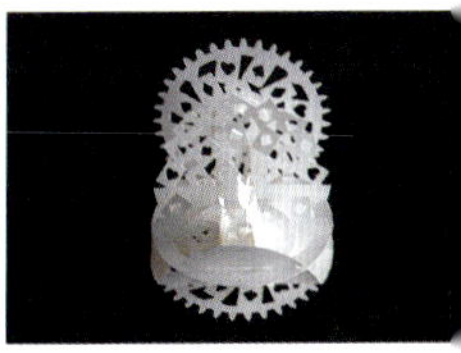

このサイズから歯車が2枚になって連動して回転します。歯車の付け方はスモールタイプと同じで簡単ですが、モチーフ部分の組み立てが複雑になります。この後のラージやスペシャルの前に、ミディアムサイズで仕組みを知っておくのがお勧めです。

8×8cm　組み立て方 ›››› P. 28

Midium

Happy
Birthday

アリスとトランプ

貝殻やコンパクトのように2面になっているのがミディアムサイズの特徴です。歯車部分にもしっかりとモチーフを入れてカットすると、透け感があり閉じたときにもきれいです。

型紙 ›››› P. 70, 71, 101

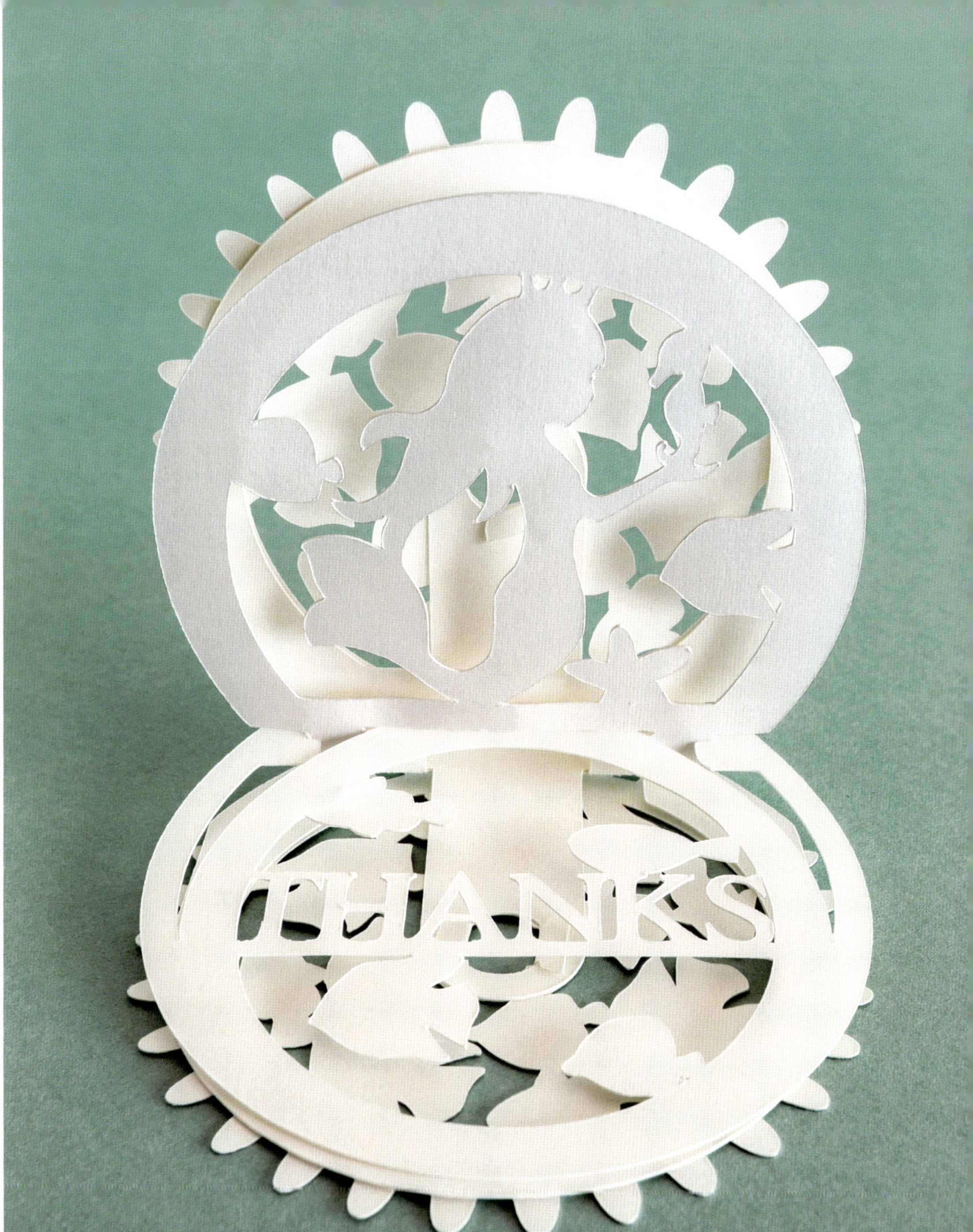

人魚姫

海の生き物がぐるぐると回遊しているような歯車がおもしろいデザインです。人魚姫もアリスも文字を選ばない図案なので、好みの文字を入れてください。

型紙 ›››› P. 70, 71

ハッピーウェディング

結婚のお祝いに、文字の部分を名前に変えてプレゼントしてもすてきです。歯車の歯の形は、19ページのように細かいものと大きなものの2種類があります。

型紙 ›››› P. 70, 72

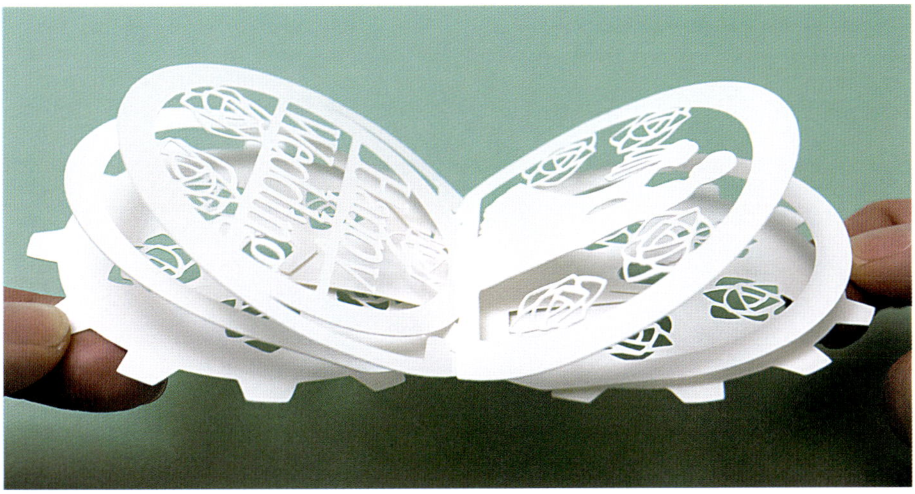

上下にそれぞれ3枚ずつ重なっています。

後ろで歯車がかみ合う仕組みです。

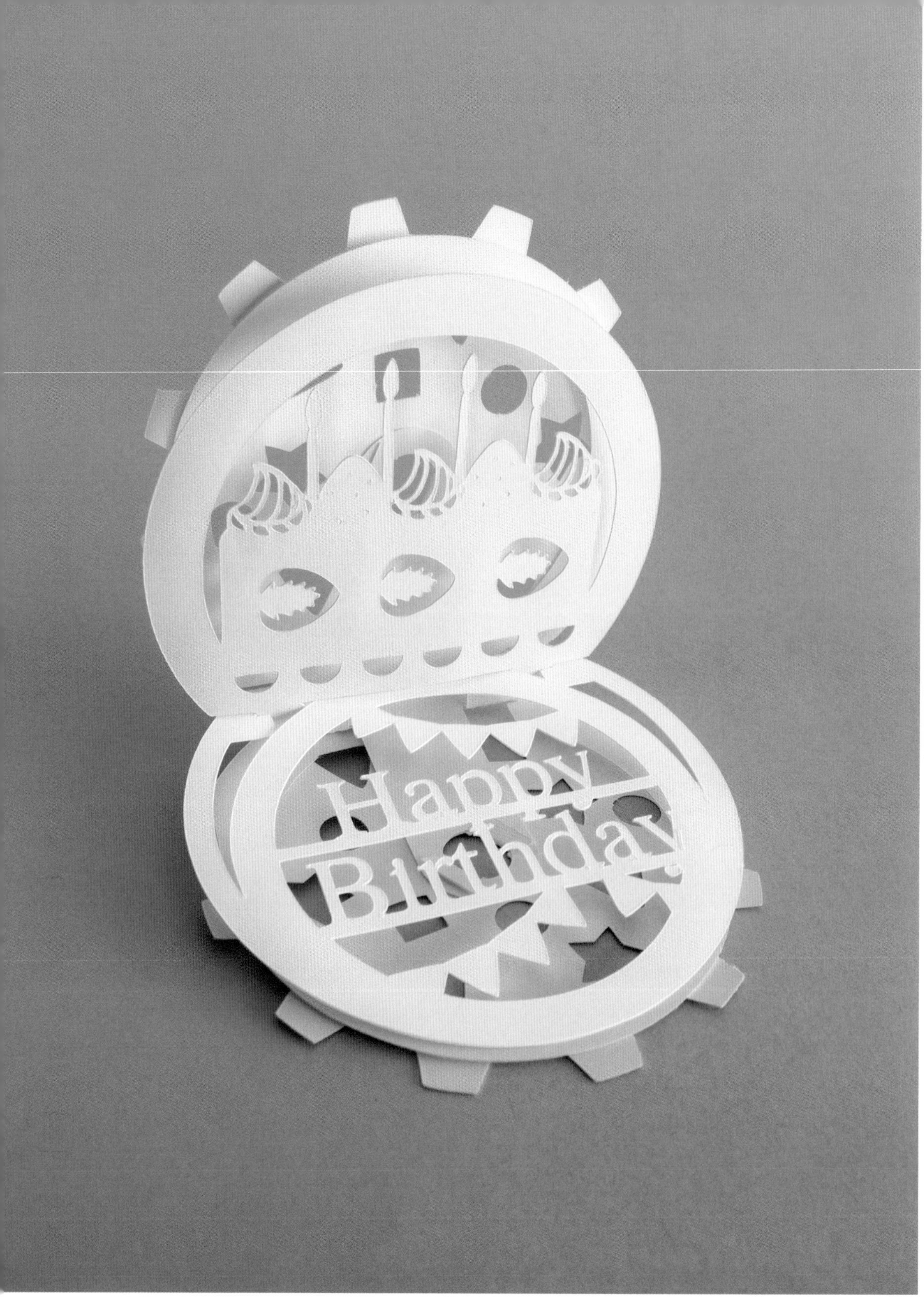

ハッピーバースデー

ポップでかわいいバースデーカードです。いちごの
つぶつぶは、針などで穴をあけるだけでOKです。

型紙 ›››› P.70,72,103

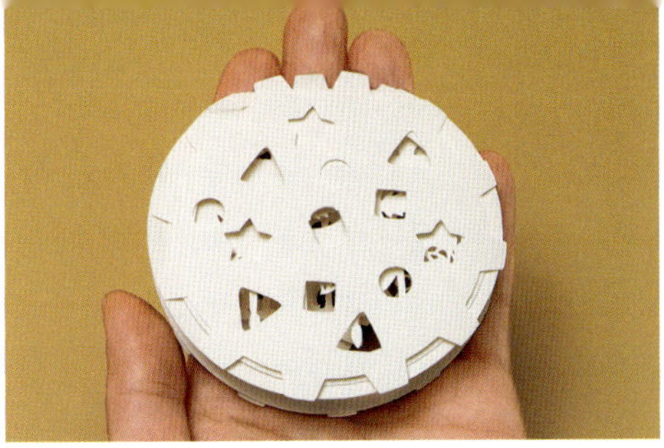

1

閉じているときは正円の形。

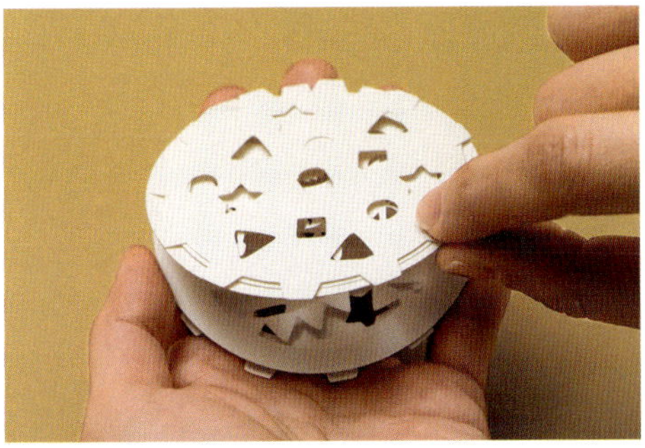

2

上側をつまんでそっと開いて。

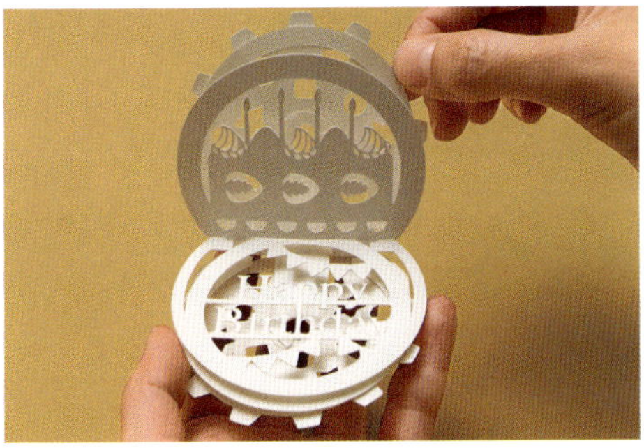

3

少し後ろに倒れるくらい全開にします。

4

歯車をよけて両側を片手ではさんで持ちます。

5

後ろで歯車がかみ合っているのを確認して。

6

手前の歯車を回すと後ろの歯車も回ります。

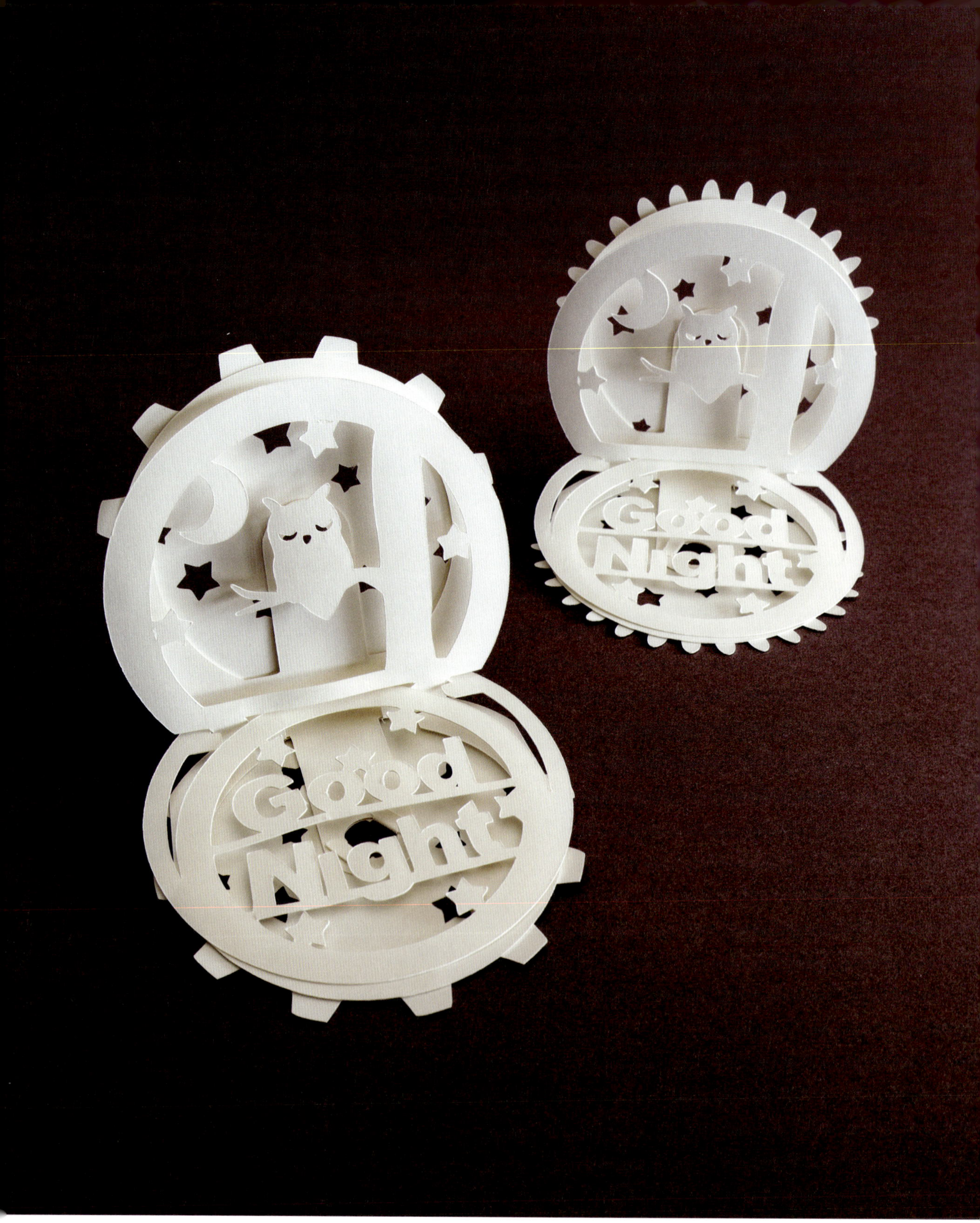

おやすみなさい

歯車の歯の形が違うと、少しイメージも変わります。
モチーフに合わせて歯の形を選んでください。

型紙 ›››› P. 70, 73

おめでとう

入学など、季節のお祝いにぴったりなカード。
さくらがいっぱいのおめでたい雰囲気です。

型紙 ›››› P. 70, 73

ハロウィン

愛らしいおばけとクモの巣の歯車の組み合わせです。クモの巣は細いので、切り落とさないように注意してください。

型紙 ›››› P. 70, 74

メリークリスマス

サンタとトナカイがプレゼントを配達中。歯車を雪
の結晶のデザインにしてホワイトクリスマスに。

型紙 ›››› P. 70, 74

Midiumの組み立て方

大きな2枚のパーツを通して組み合わせる仕組みを理解することがポイント。
通す場所を間違えないようにしてください。

1

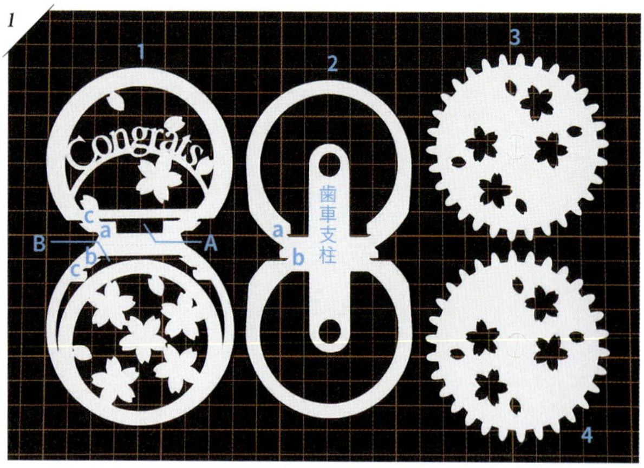

4枚のパーツを組み立てます。同じアルファベットの切り込み同士をはめ込みます。1のパーツに2のパーツを通して組み合わせる部分がポイントで、後は歯車を付けるだけです。

2

1と2のパーツはどちらも2つの丸がつながった形です。文字が正向きに見えるように持ちます。2のパーツに表裏はありません。

3

1のパーツの空きAに2のパーツの歯車の支柱になる出っ張りを通します。

4

aの切り込み同士を合わせてはめ込みます。2が外側、1が内側です。反対側のaの切り込みも同様に合わせてはめ込みます。

5

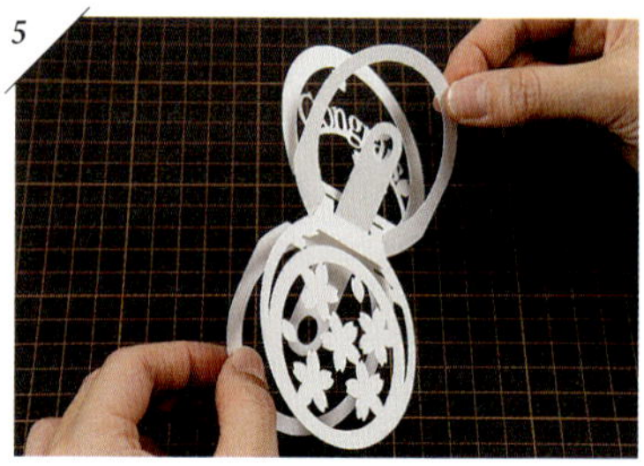

1と2のパーツが中央で交差している状態になります。上側の丸は2のパーツが上、下側の丸は1のパーツが上になっています。

6

1と2の下側の丸同士を組み合わせます。1のパーツのモチーフ部分をよけて空きBに2のパーツの下側全体を通します。

7

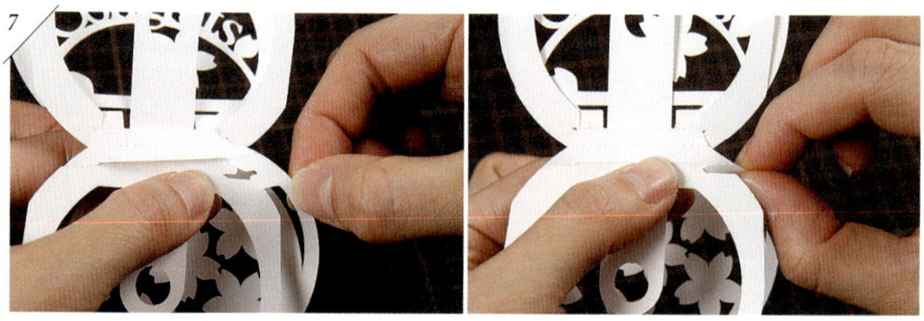

bの切り込み同士を合わせてはめ込みます。左右ともはめ込みます。1と2のパーツが中央で組み合わさり、2が上になっている状態です。

8

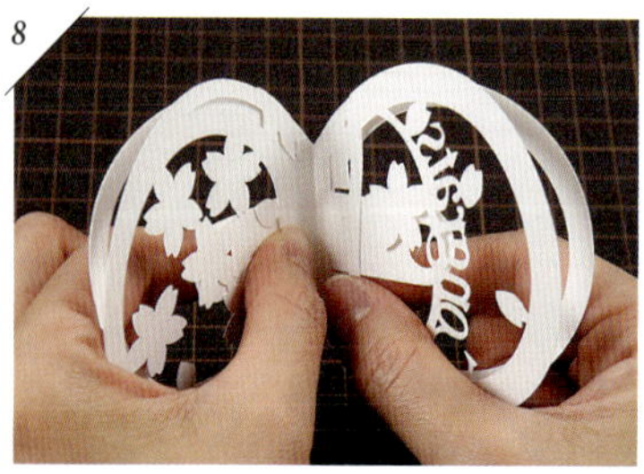

反対に向けて1のパーツ側を見ながら、中心の点線の折り線で折ります。

9

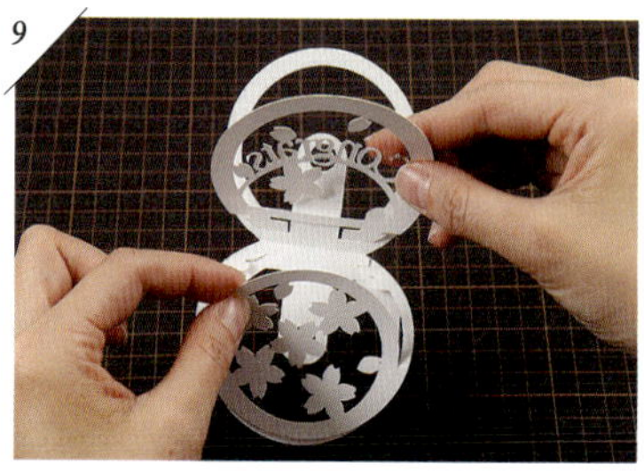

1のパーツ同士を組み合わせます。文字は逆さまになっている状態です。

10

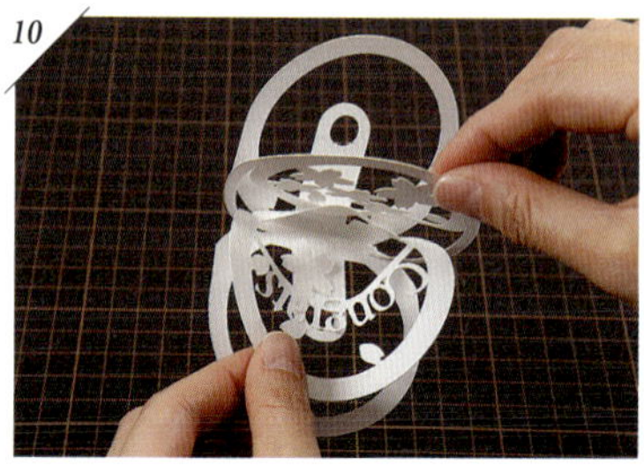

下側の丸のモチーフ部分をよけて、空きBに上側の丸を通します。

11

1のcの切り込み同士をはめ込みます。反対側のcの切り込みも同様にはめ込みます。

12

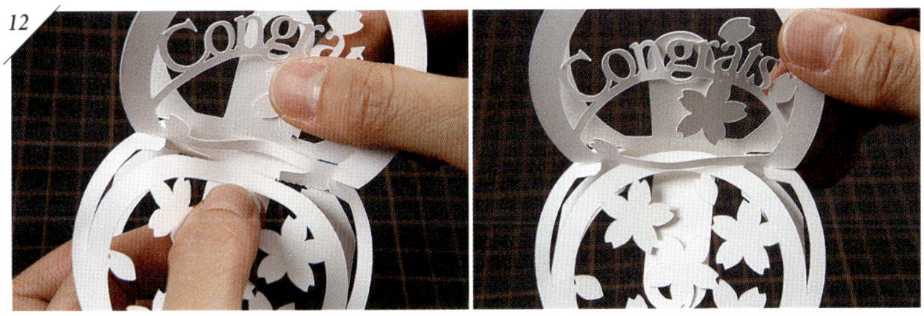

文字側の丸が下になっている状態なので、文字側の丸が上になるように持ち直します。
モチーフ（さくら）側の内側のカーブを、文字側の空きAの細い部分に差し込みます。

13

1のパーツを内側にして中心から折ります。次に開いて押さえ、ほかの点線の折り線も折り目を付けます。

14

歯車を付けます。2のパーツの歯車の支柱に歯車を後ろから重ねます。

15

歯車の切り込みの爪を押し出して支柱の穴に通します。

16

爪をしっかりと折り、歯車を支柱に固定します。

17

もう1枚の歯車も、後ろから重ねて同様に固定します。

18

最後にアイロンをかけます。歯車の歯がかみ合った状態でアイロンをかけると、型が付く場合があるのでかみ合わせをはずします。

19

支柱に通した歯車の爪もしっかりと押さえておきます。アイロンをかけ終わったら、歯車がかみ合うように歯を組み合わせます。

20

これで完成です。

歯車と連動して中央にあるモチーフがくるくると回転するのが最大の特徴で、ほかとは違う仕組みです。より立体的で動きのおもしろさがあります。中央のモチーフは独立しているので、アレンジもしやすい形です。

10×10cm　組み立て方 ›››› P.42

Large

Happy Birthday

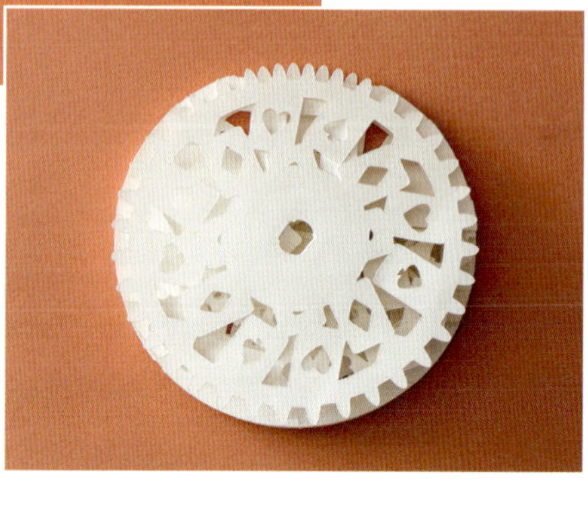

アリスとうさぎ

中央でくるくると回るのは白うさぎを追いかけるアリス。後ろではトランプが舞い上がっています。64ページのようにトランプの前に文字を入れることができます。

型紙 ›››› P. 75～77

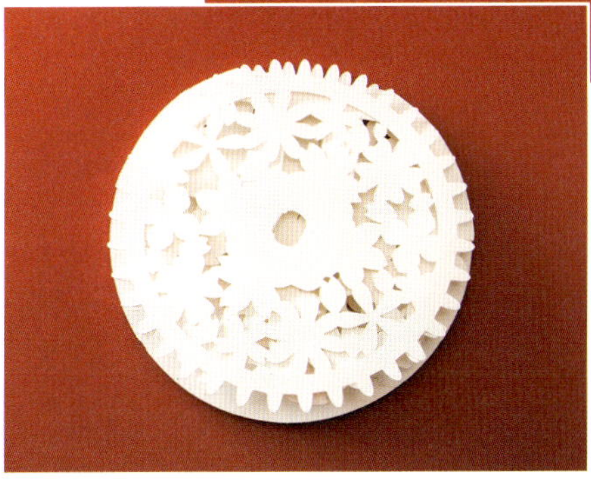

赤ずきん

花畑の中を、オオカミの後をつけているのか、つけられているのか。花をバックにくるくると回るかわいいモチーフです。閉じたときも花模様がかわいらしい。

型紙 ›››› P. 75, 78, 79

ウェディング

教会をバックに、ドレス姿の新郎新婦が回るデザイン。教会の前に「Happy Wedding」の文字を入れるとより豪華な印象になります。

型紙 ›››› P.75,80,81

ハッピーバースデー

クラッカーが誕生日パーティーを盛り上げています。紙テープ部分や文字の先は細くて折れやすいので注意を。

型紙 ›››› P. 75, 82, 83

遊園地

華麗な装飾のゲートに、メリーゴーラウンド、歯車は観覧車です。ちょっとメランコリックな大人のカードです。

型紙 ›››› P. 75, 84, 85, 106〜109

横から見ると仕組みがよくわかります。下の歯車と連動して中央のメリーゴーラウンドの台が回転します。

後ろの歯車のかみ合わせ部分。

ねこ

ねこのシルエットがかわいい、ねこ好きにはたまらないデザインです。歯車にてんてんと付いた足あともかわいい。

型紙 ›››› P. 75, 86, 87

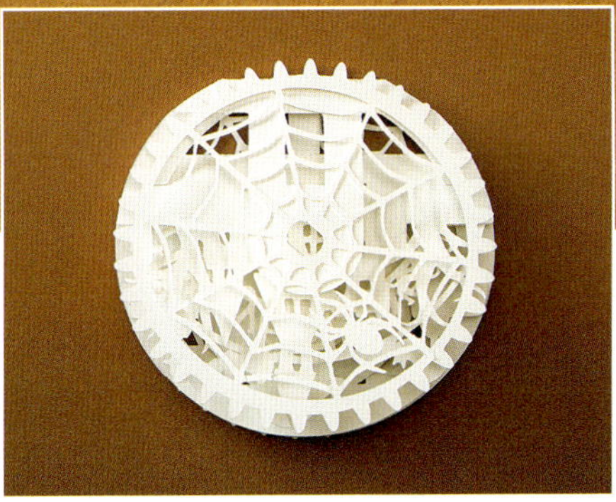

ハロウィンパーティー

おばけやコウモリたちのハロウィンパーティー。歯車のクモの巣は細くてもつながっているので折れる心配はありませんが、切り落とさないように注意を。

型紙 ›››› P. 75, 88, 89

サンタが街にやってきた

トナカイと街をめぐるサンタクロースのクリスマスカードです。
雪の結晶でホワイトクリスマスを表現しました。

型紙 ›››› P. 75, 90, 91, 112～115

1

手のひらが隠れるくらいの大きさです。

2

少し後ろに倒れるくらいまでしっかりと開きます。

3

サンタクロースやトナカイが立ち上がりました。

4

歯車がかみ合っているのを確かめ、片手で両端をはさんで持ち、手前の歯車を回します。

5

閉じるときは、手前の矢印をぴったりと合わせます。ここが合っていないと閉じません。

6

そっと閉じれば、ぺたんこの正円に。

Largeの組み立て方

パーツの数が増えますが、組み立て方はミディアムよりも単純です。
ベース、中央、歯車の3つの部分に分かれます。

1

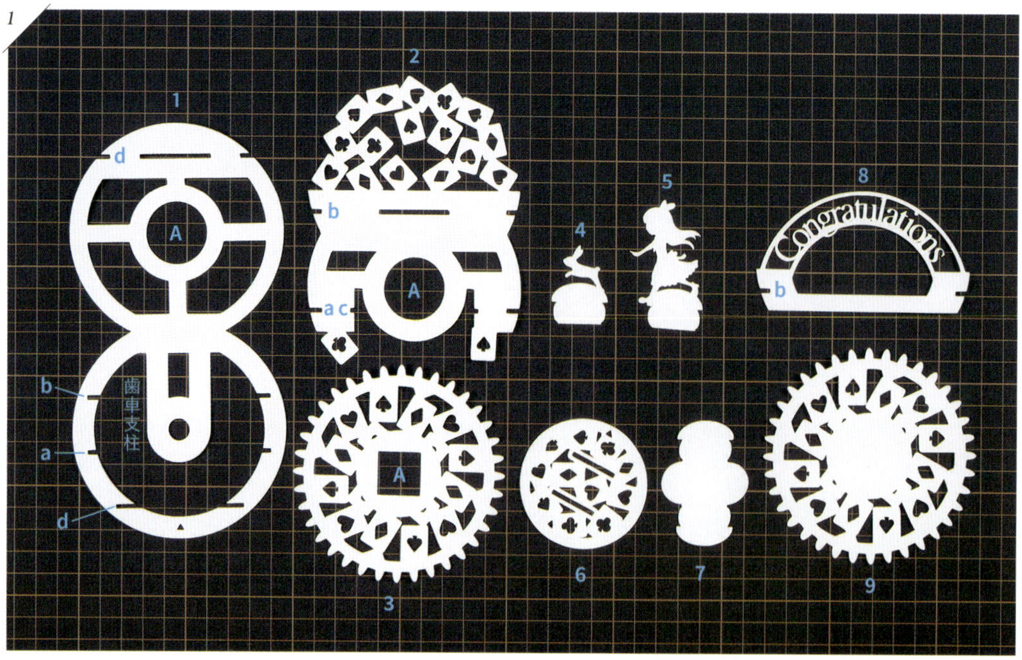

9枚のパーツを組み立てます。同じアルファベットの切り込み同士をはめ込みます。1と2のパーツでベースになる部分を、4～7で中央の回転する部分を作ります。3と9は歯車、8は飾りです。

2

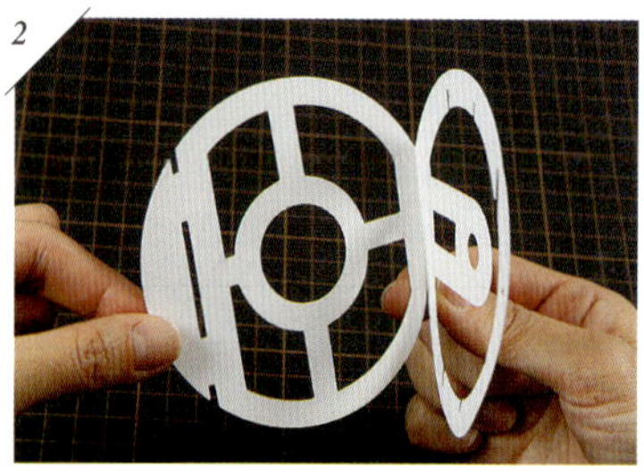

1のパーツを中心の点線の折り線から折ります。表裏はありませんが、自分で表裏を決めて裏が内側になるように折ります。

3

さらに歯車の支柱の両側にある折り線で折ります。支柱だけが立ち上がった状態になります。

4

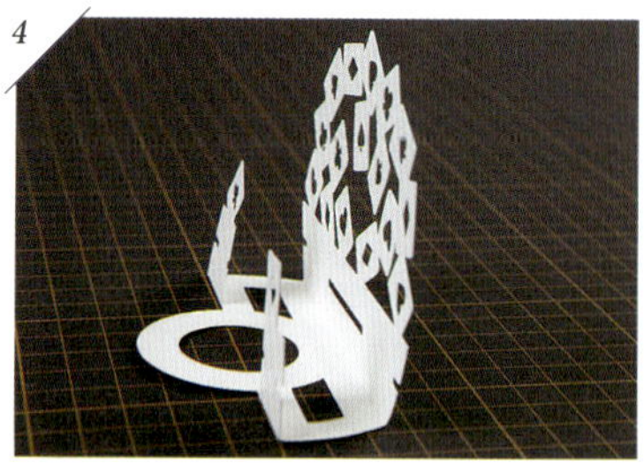

2のパーツも中心の折り線で折り、両側のトランプが付いている袖部分を折って立ち上げます。

5

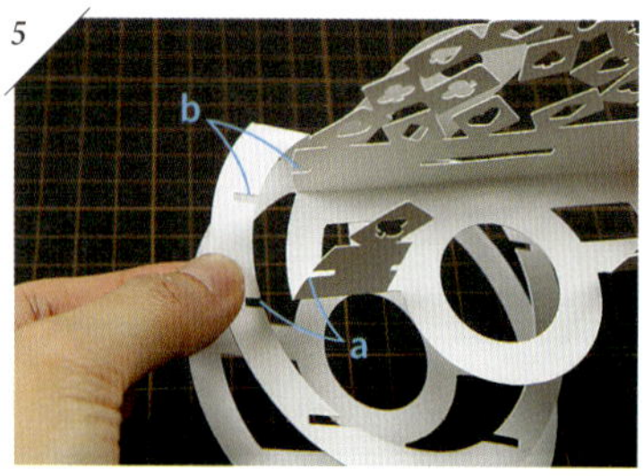

1と2のパーツを組み合わせます。aとbの切り込み同士をそれぞれ合わせてはめ込みます。

6

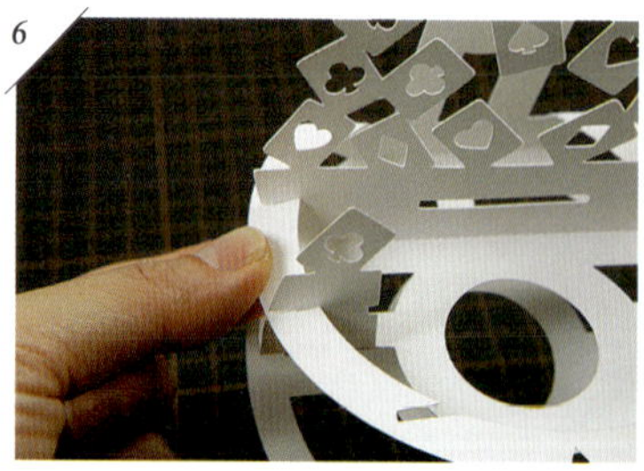

a、bともきちんとはめ込みます。反対側のaとbの切り込みも同様にはめ込みます。

7

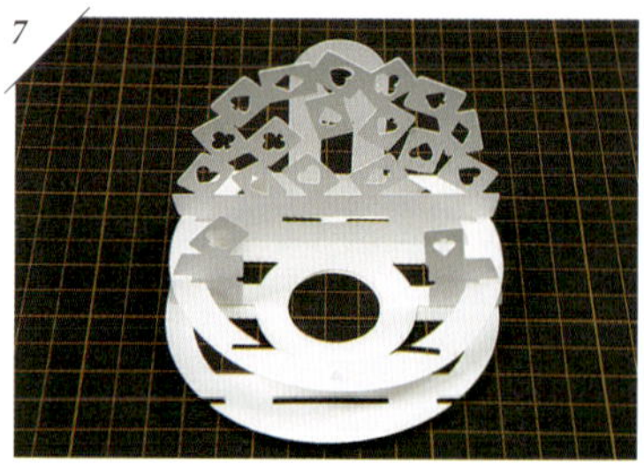

1のパーツの内側に2のパーツが組み合わさった状態になります。

8

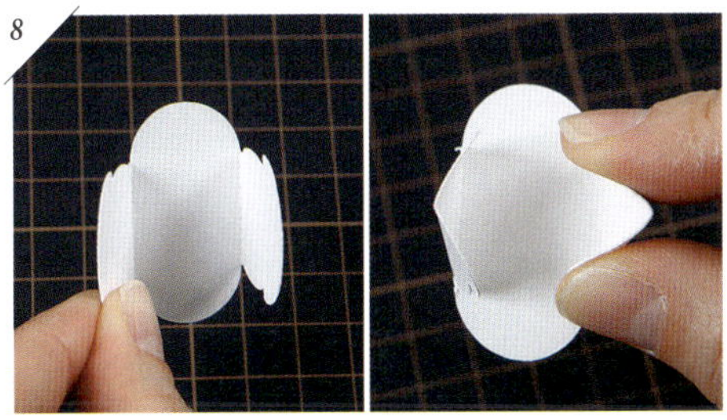

7のパーツの点線の折り線を折ります。折った部分の先端をつまみ、内側に曲げておきます。このパーツは1と2のベース、歯車、中央の回転部分を止めるパーツになります。

9

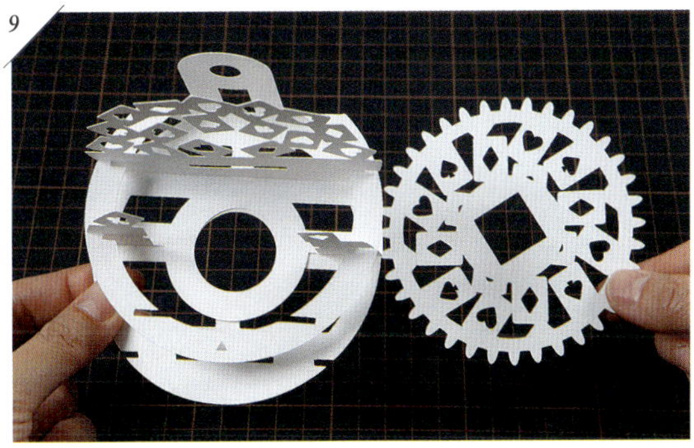

1と2のベースの下に3の歯車を重ねます。

10

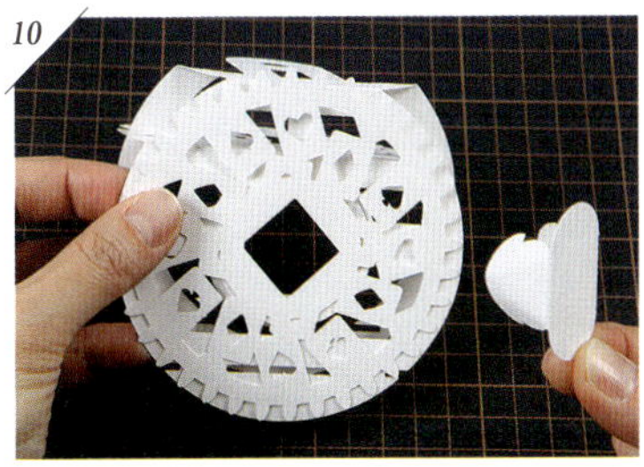

歯車側から7のパーツを空きAに差し込みます。空きAは1、2、3のパーツが重なっています。

11

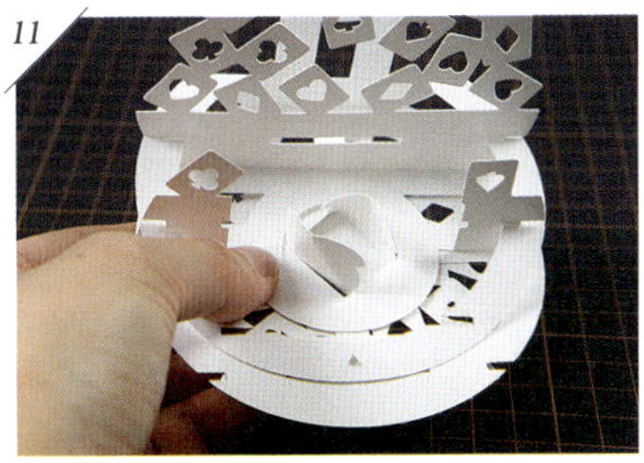

7のパーツの先端を内側に曲げておいたのは、通しやすくするためです。通したら曲げた先端をまっすぐ伸ばしておきます。

12

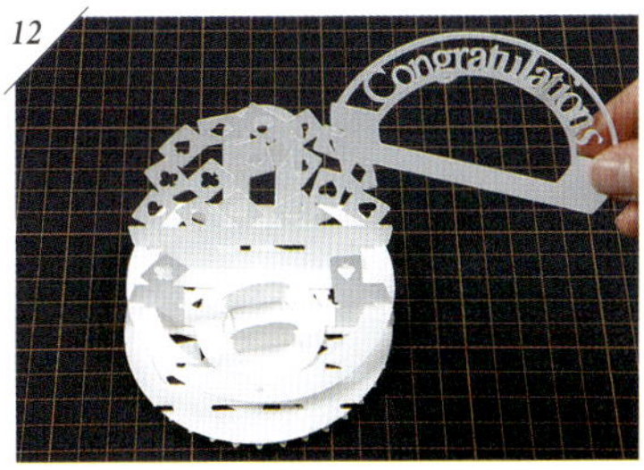

次に8のパーツを、2のパーツのトランプ部分の前に組み合わせます。8は文字の飾りパーツなので、好みで付けてください。

13

8のパーツのbの切り込みを1のパーツのbの切り込みに合わせてはめ込みます。

14

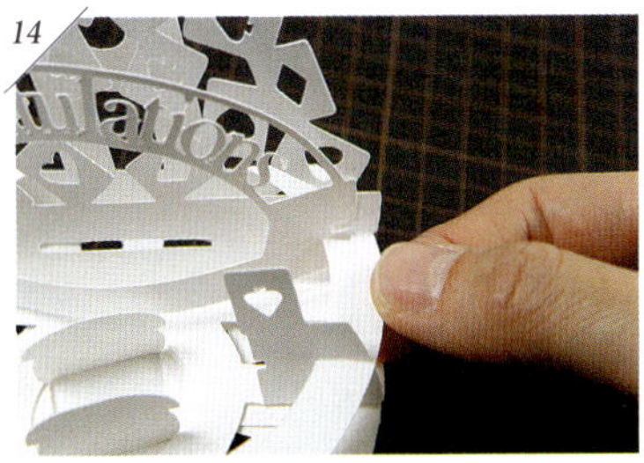

反対側のbの切り込みも同様にはめ込みます。

15

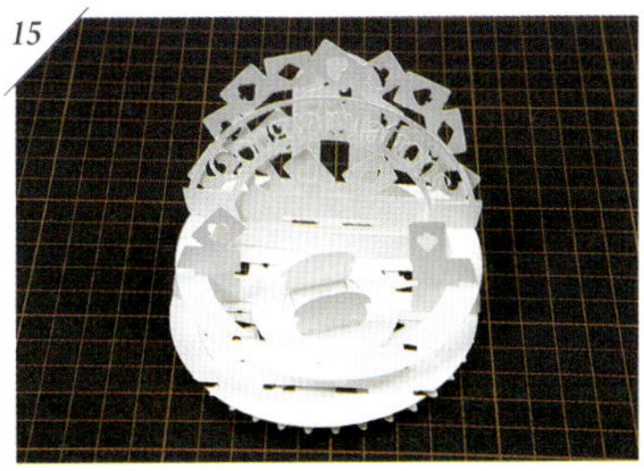

だんだん形になってきました。次は中央の回転部分を作ります。

16

4と5のパーツの土台の両端を少し折り曲げておきます。これは6のパーツに通しやすくするためです。

17

同様にベースに差し込んだ7のパーツの上部も少し折り曲げておきます。

18

6のパーツの横長の切り込みに4のパーツを差し込みます。

19

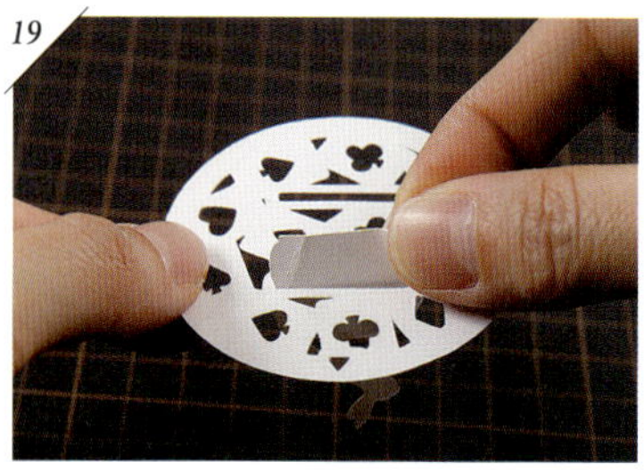

裏に土台部分を出したら、折り曲げた両端を伸ばします。

20

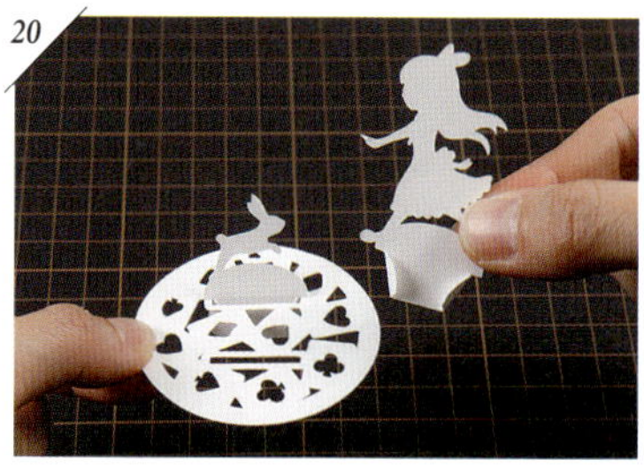

次に5のパーツも同様に差し込みます。アリスがうさぎを追いかけているように見える向きに差し込みます。

21

次に7のパーツを、4と5のパーツを差し込んだ切り込みに差し込みます。7のパーツは4と5のパーツの内側に差し込みます。

22

7のパーツの折り曲げ部分を伸ばします。

23

6のパーツを2のパーツのcの切り込みに合わせます。

24

1のパーツの手前を折り上げます。矢印のある上側をよけて、下側を点線の折り線で折り上げます。

25

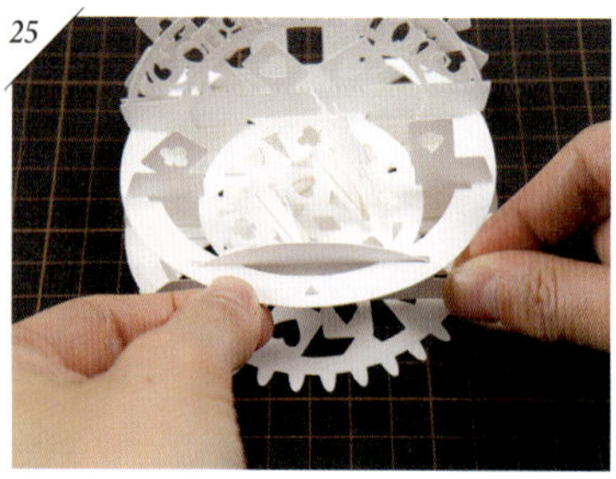

折り上げた下側を上側に通して、dの切り込み同士を合わせてはめ込みます。

26

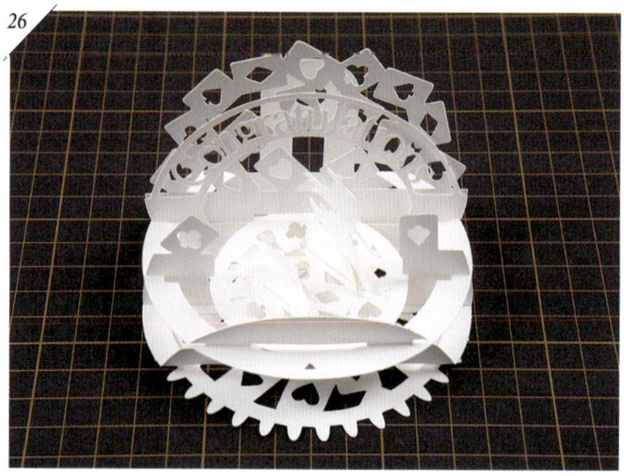

後は9の歯車を付ければ完成です。

27

9の歯車のパーツを1のパーツの歯車の支柱の後ろに重ねます。

28

歯車の切り込みと支柱の穴を合わせて、切り込みの爪を前に押し出して通します。

29

爪をしっかりと折り、歯車を支柱に固定します。

30

1と6のパーツの矢印を合わせます。この矢印を合わせることで、閉じることができます。

31

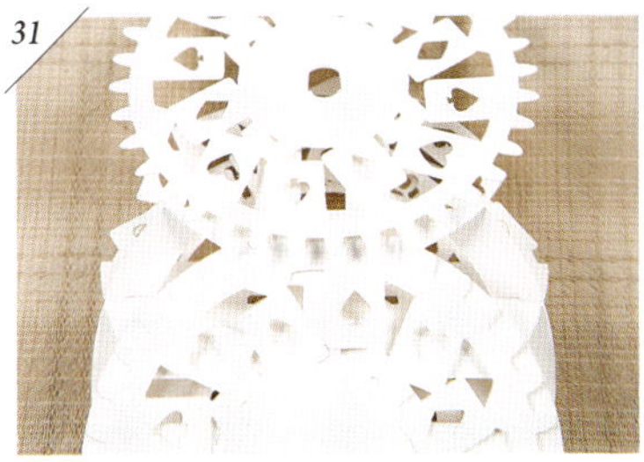

最後にアイロンをかけます。歯車の歯がかみ合った状態でアイロンをかけると、型が付く場合があるのでかみ合せをはずします。

32

支柱に通した歯車の爪もしっかりと押さえておきます。

33

アイロンをかけ終わったら、歯車がかみ合うように歯を組み合わせます。

34

これで完成です。

6のパーツに3つ切り込みがあるタイプの作り方

1

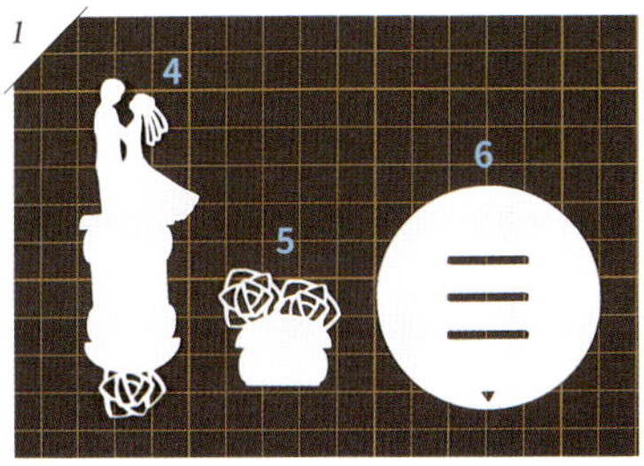

6のパーツに切り込みが3つあり、3つのモチーフが見えるタイプです。4のパーツの両側がモチーフになっています。

2

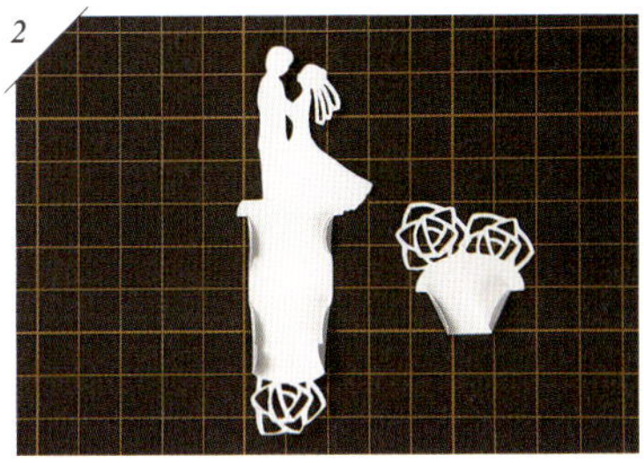

切り込みに差し込みやすいように、土台の両端を少し折り曲げておきます。

3

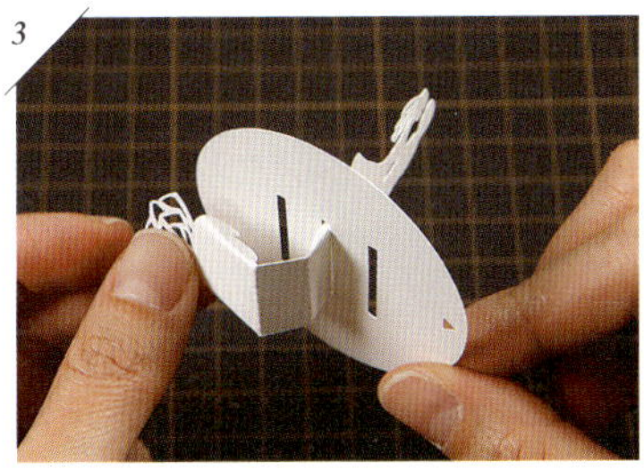

6のパーツの真ん中の切り込みに4のパーツを通し、点線の折り線でコの字に折って隣の切り込み差し込んで引き出します。

4

折り曲げた部分を伸ばします。5のパーツを残りの切り込みに差し込みます。

5

後は同じです。ただし、7のパーツを差し込むときは、4と5のパーツの外側に差し込みます。ここではわかりやすいように、7のパーツだけ取り出して差し込んでいます。

これが最初に生まれたギアワールド。大きな歯車が連動して回転するのはほかと同じ仕組みです。さらに小さな歯車が独立して動き、女の子を左右に引き出せる仕掛けになっています。3層、4層構造になっているので、密度と奥行きがあります。

10×10cm　組み立て方 ›››› P. 52

Special Gear World

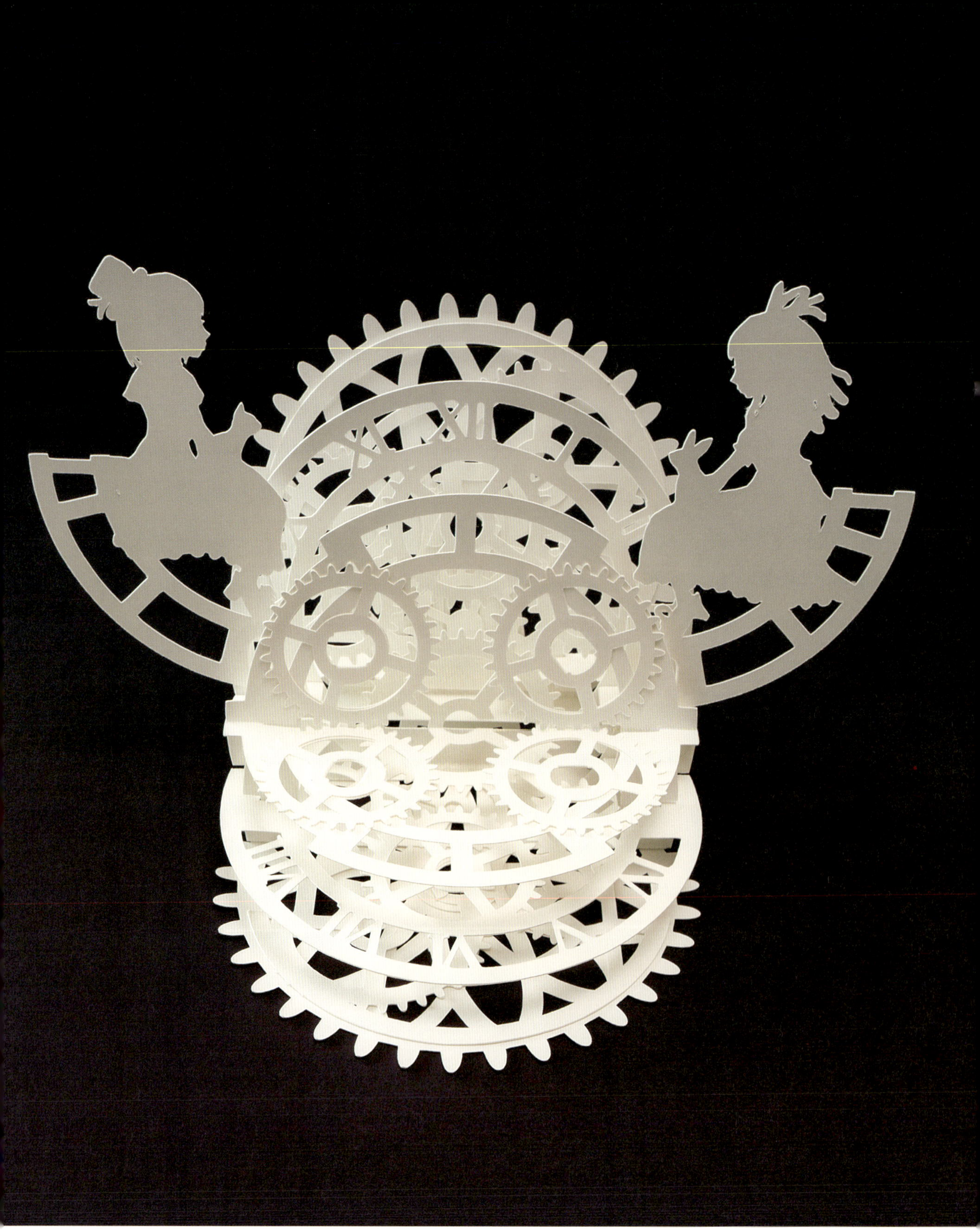

ギアワールド

歯車と時計の文字盤がスチームパンク風です。
時計仕掛けのように歯車が層になっています。

型紙 ›››› P. 92〜94, 縮小版 126, 127

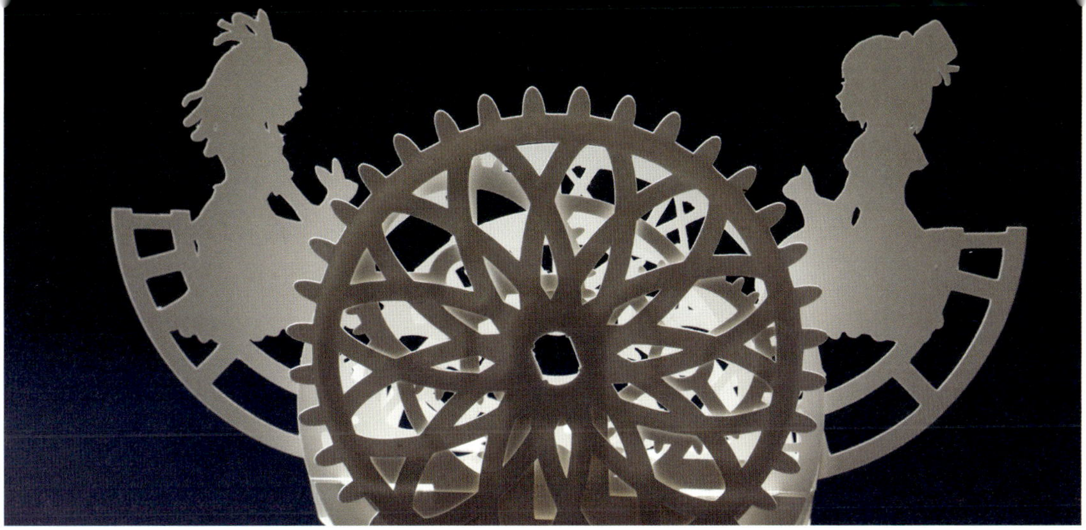

後ろ側から見たところ。

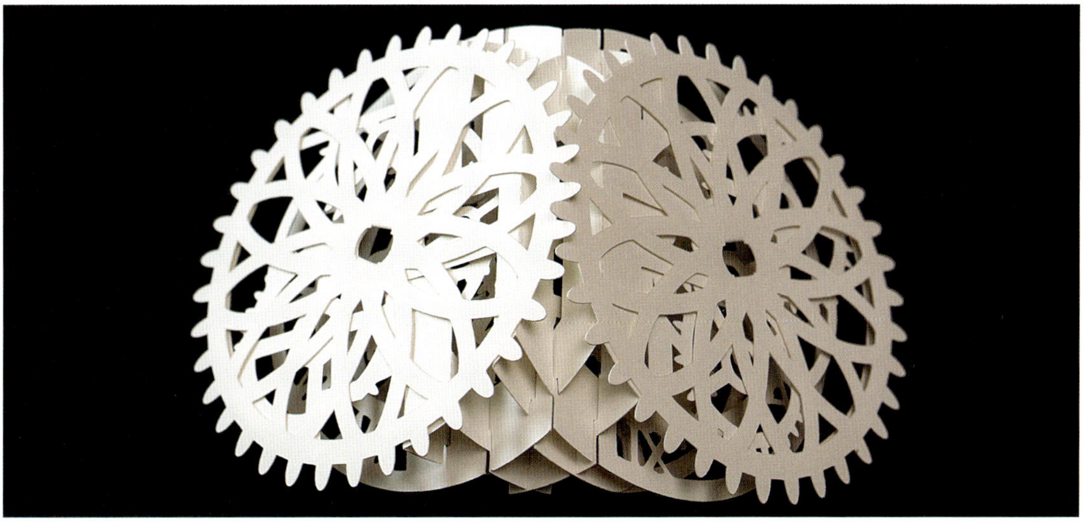

大きな歯車が動く仕組みはほかのサイズと同じです。

小さな歯車も動きます。

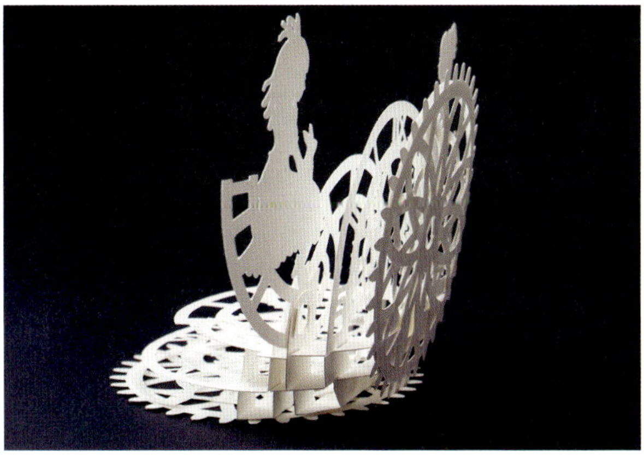

パーツが交差して組み合わさります。

花のギアワールド

大きな歯車と女の子のモチーフ部分が花になっているタイプ。
歯車の機械的なイメージに花が組み合わさって幻想的です。

型紙 ›››› P. 92～95, 118～123

1

閉じたときのサイズはラージタイプと同じです。

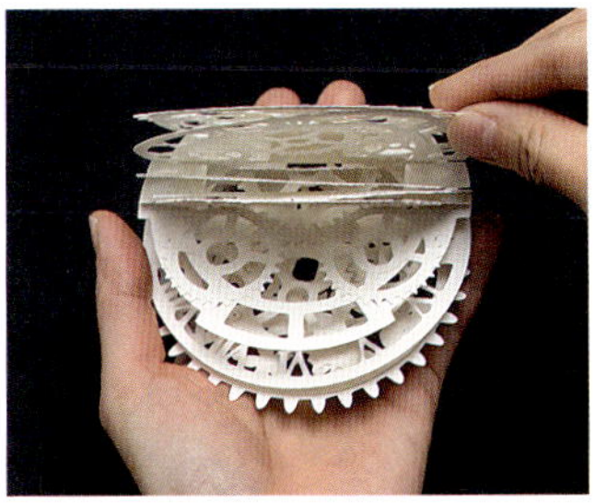

2

歯車部分を持ってそっと開きます。

3

階段状に立ち上がります。

4

小さな歯車のパーツの後ろに女の子のパーツが隠れています。

5

端を持ってそっと引き出します。

6

反対側も同様に引き出します。

7

向かい合わせになるように。

8

歯車がかみ合っているのを確かめ、片手で両端をはさんで持ち、 手前の歯車を回します。

9

小さな歯車は歯が少し出ている部分を回します。

10

女の子を元の位置に戻します。

11

そっと、ひっかからないように閉じます。

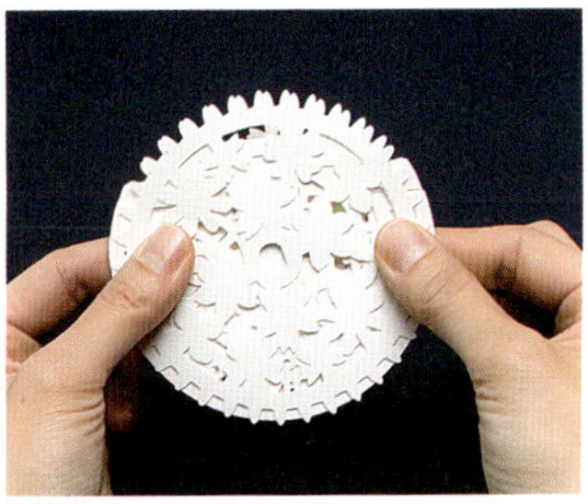

12

ぺたんこの正円に戻りました。

Special Gear Worldの組み立て方

ベースになる4つのパーツの組み合わせ方が難しいです。どこにどの部分を通して切り込みを合わせるか、切り込みのアルファベットを照らし合わせながら進めてください。

1

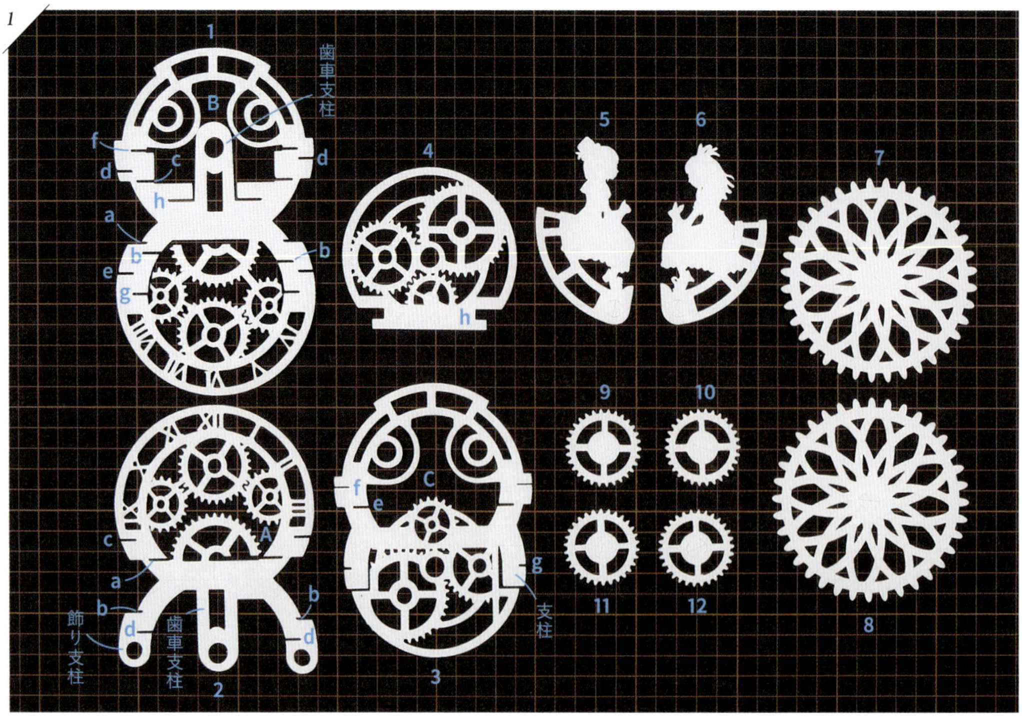

12枚のパーツを組み立てます。同じアルファベットの切り込み同士をはめ込みます。1〜4のパーツでベースになる部分を、5と6は引き出す飾り、7〜12が歯車です。

2

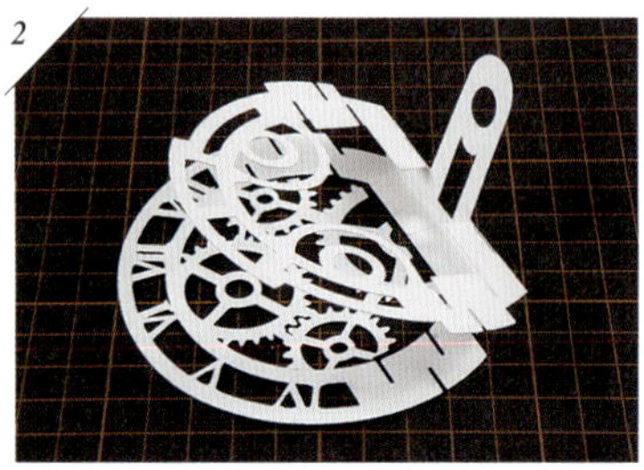

1のパーツの点線の折り線から、文字盤が時計回りに見えるようにコの字に折ります。歯車の支柱が立ち上がった状態です。

3

2のパーツも点線の折り線から、文字盤が時計回りに見えるようにコの字に折ります。飾りの支柱は折り、歯車の支柱はそのままです。

4

1と2のパーツを組み合わせます。組み合わせるのは文字盤が正しく見えるこの向きです。

5

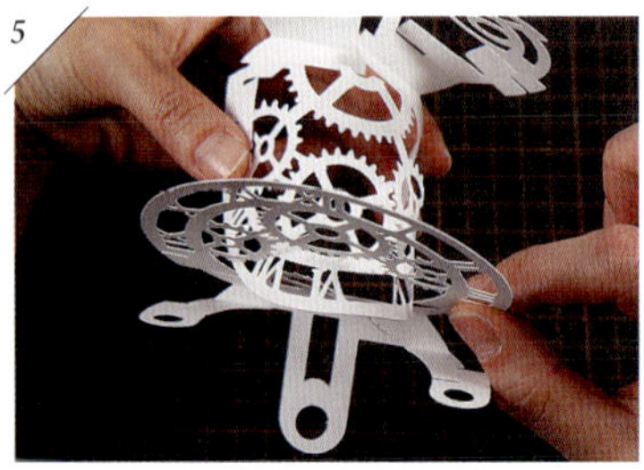

1のパーツの文字盤部分を弓なりに曲げて、2のパーツの文字盤部分の歯車と歯車の間、空きAに後ろから通します。

6

文字盤同士が向かい合わせになって1と2のパーツが交差している状態です。通すのは文字盤側のみです。

7

aの切り込み同士を合わせてはめ込みます。1のパーツが内側、2が外側です。反対側のaの切り込みも同様にはめ込みます。

8

1のパーツの文字盤の下にある、2のパーツの半分だけの歯車を1の文字盤にもある半分の歯車の上に引き出します。1と2の半分の歯車をそれぞれ持ち、上下を入れ替えます。中心に切り込みが入っているので、簡単に入れ替わります。写真は下側から見たところです。

9

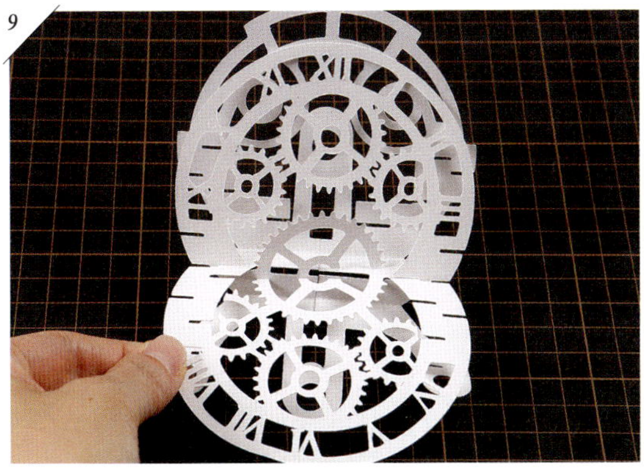

1と2の半分の歯車が組み合わさってひとつの歯車になります。

10

2の飾りの支柱を上に出します。下になっている飾りの支柱を持ち上げて1のパーツの文字盤の歯車のすき間から出します。

11

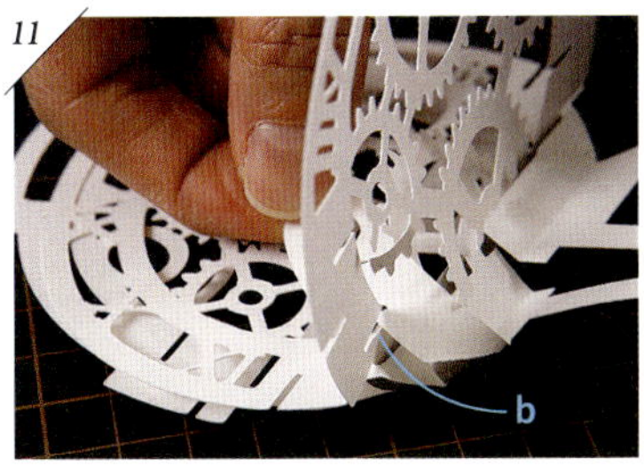

1と2のパーツのbの切り込み同士を合わせてはめ込みます。飾りの支柱は折り線で折っているので、無理なく組み合わさります。

12

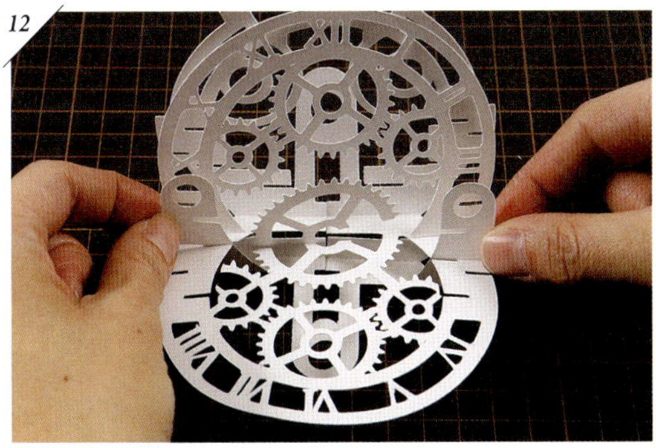

反対側のbの切り込みも同様に合わせてはめ込みます。飾りの支柱が両側に出ました。左右の支柱の位置は前後に少しずれています。

13

次に1のパーツの空きBに、2のパーツの文字盤部分を通します。

14

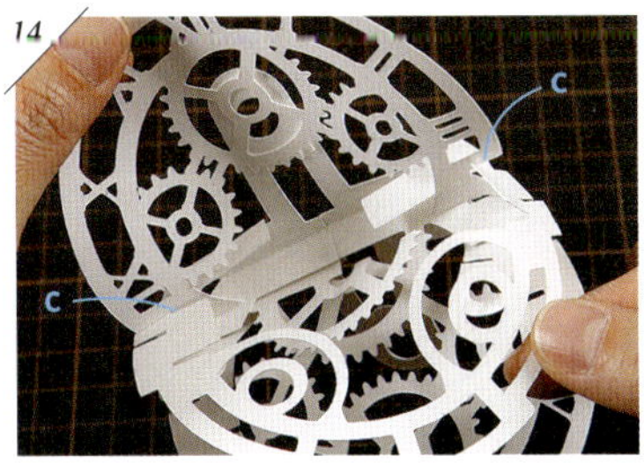

cの切り込み同士を合わせてはめ込みます。反対側のcの切り込みも同様に合わせてはめ込みます。

15

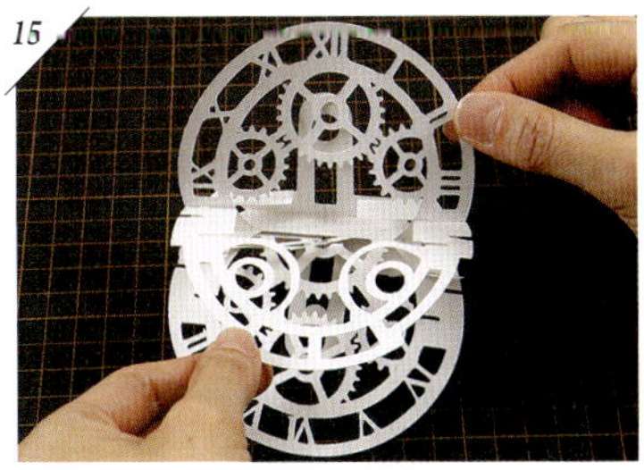

ここでも1のパーツに折り目が付いているので無理なく組み合わさるはずです。

16

1のパーツと2のパーツの飾りの支柱を組み合わせます。dの切り込み同士を合わせてはめ込みます。

17

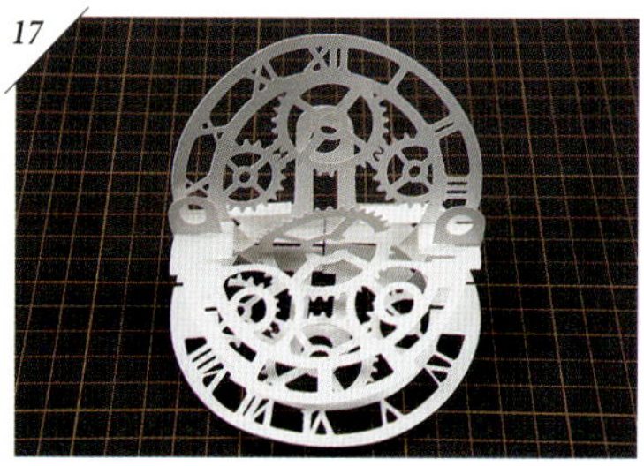

反対側のdの切り込み同士も同様に合わせてはめ込みます。中心の半分の歯車が引っかかっている場合は戻しておきます。

18

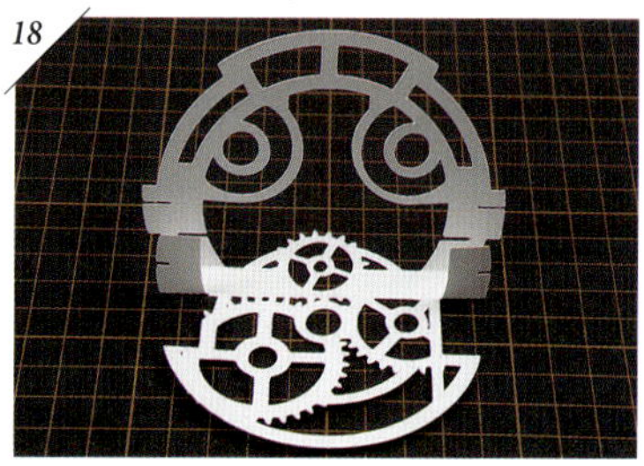

3のパーツを点線の折り線で折ります。左右の支柱を折り上げるのを忘れないようにしてください。

19

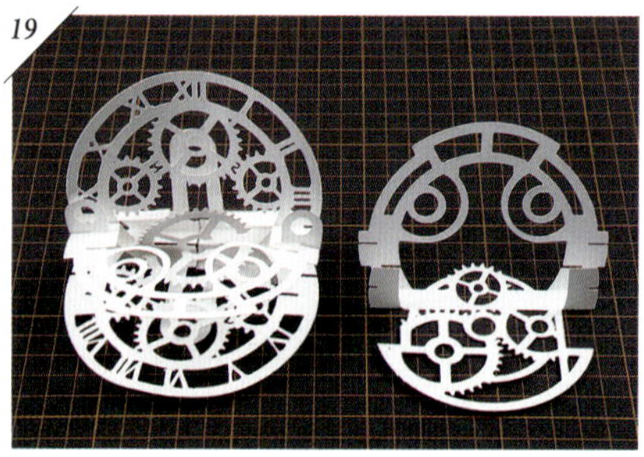

1と2を組み合わせたパーツに、3のパーツを組み合わせます。

20

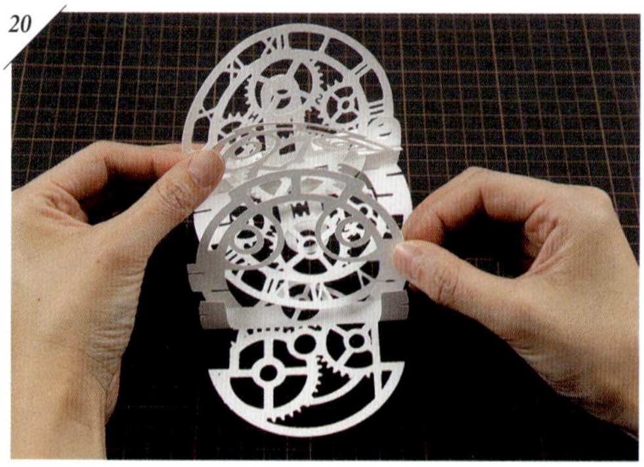

3のパーツの空きCに、1の文字盤部分のみを通します。このとき文字盤の上にある空きBのある部分はよけておきます。

21

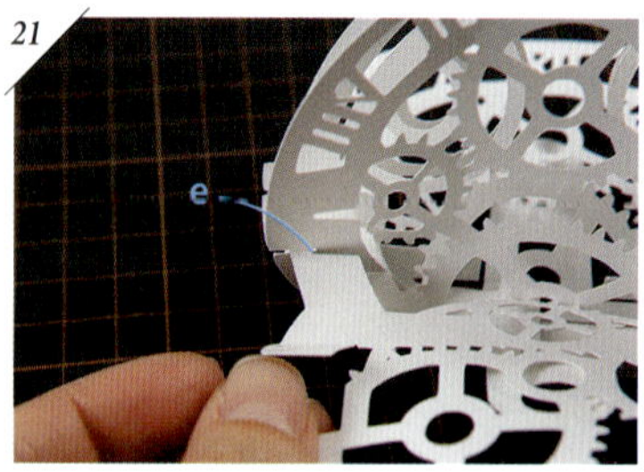

eの切り込み同士を合わせてはめ込みます。反対側のeの切り込みも同様に合わせてはめ込みます。

22

次に3のパーツの上部（空きC側）を1のパーツの空きBに通します。***20***でよけておいた1のパーツを倒してそのまま空きBに通します。

23

fの切り込み同士を合わせてはめ込みます。反対側のfの切り込みも同様に合わせてはめ込みます。

24

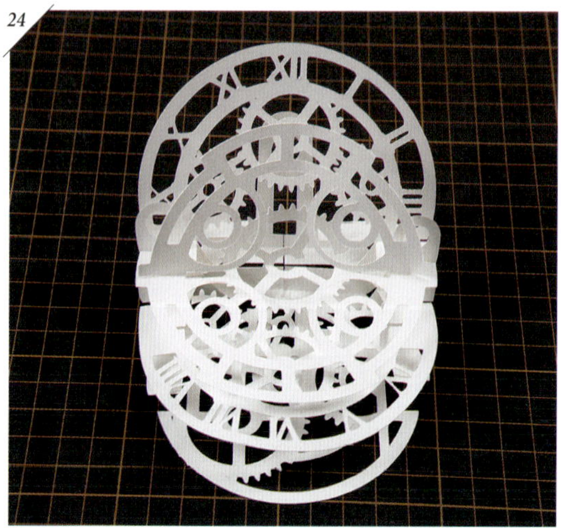

上下ともに3段の層になりました。

25

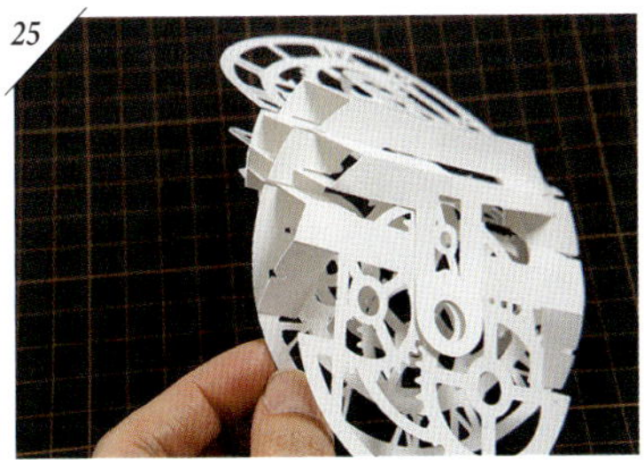

後ろから見るとこのようになっています。次に3のパーツの支柱をはめ込みます。

26

3の支柱をおこし、1のパーツとgの切り込み同士を合わせてはめ込みます。反対側のgの切り込みも同様に合わせてはめ込みます。

27

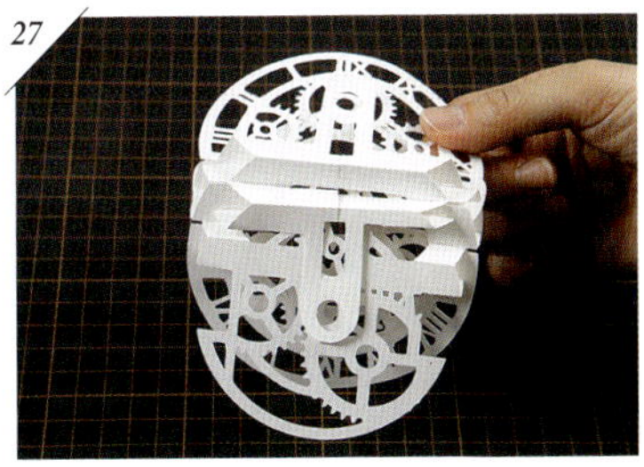

後ろから見るとこのようになります。

28

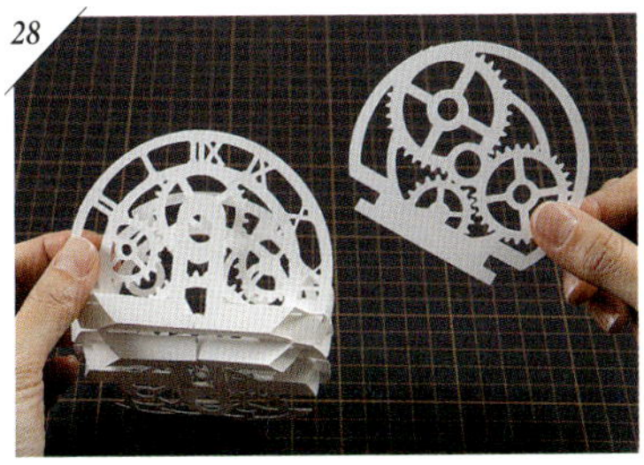

次に4のパーツを組み合わせます。2のパーツの文字盤の後ろに重ねます。

29

文字盤の後ろにある1のパーツの歯車の支柱の根元に4のパーツを差し込みます。hの切り込み同士を合わせてはめ込みます。

30

次にそのまま後ろに、7の歯車のパーツを1の歯車の支柱に合わせます。

31

歯車の切り込みと支柱の穴、さらに4のパーツの穴を合わせて切り込みの爪を前に押し出して通します。

32

爪をしっかりと折り、歯車を支柱に固定します。

33

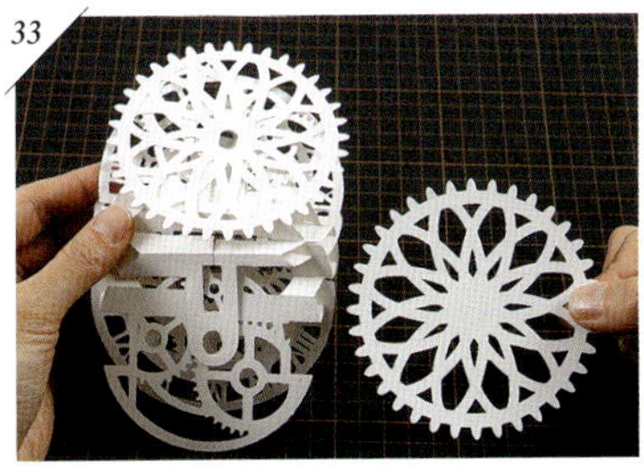

もうひとつ8の歯車のパーツを下側の2のパーツの歯車の支柱に重ねます。

34

歯車の切り込みと支柱の穴、さらに3のパーツの穴を合わせて切り込みの爪を前に押し出して通します。

35

後は5と6の飾りパーツ、9～12の小さな歯車のパーツだけです。

36

5のパーツを2のパーツの飾りの支柱の前に合わせます。

37

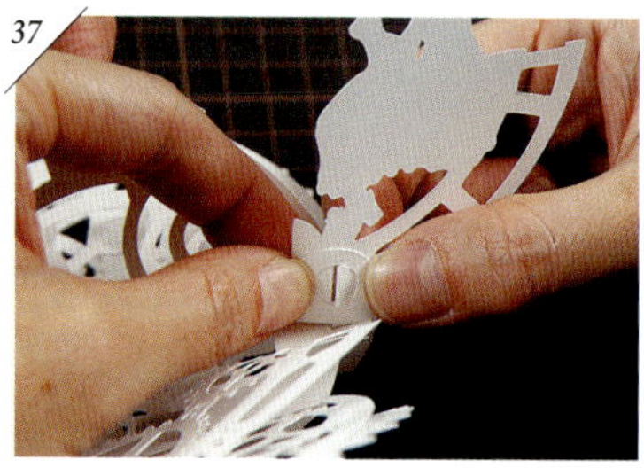

切り込みと支柱の穴を合わせて、切り込みの爪を後ろに押し出して通します。歯車同様に爪を折って固定します。

38

6のパーツも同様に飾りの支柱に固定します。

39

5と6のパーツは作業中に折れてしまわないように、内側に倒して収納しておきます。

40

小さな歯車のパーツを、いちばん上の3のパーツの丸に合わせて重ねます。5のパーツと同様に固定します。左右とも同様に。

41

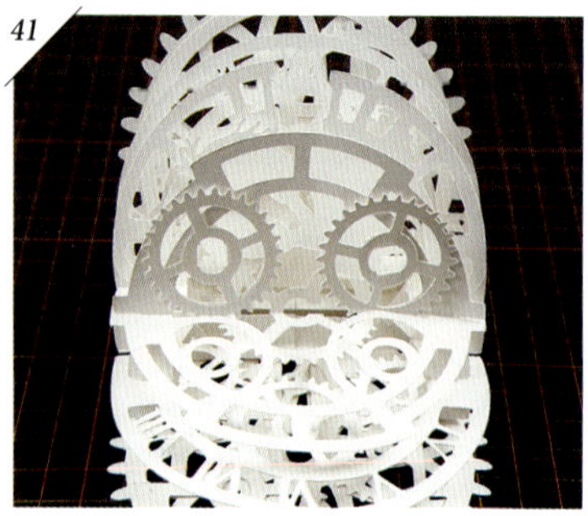

左右の小さな歯車のパーツが付きました。

42

次にその下側にある1のパーツの丸に残りの小さな歯車のパーツ2つを同様に付けます。

43

大きな歯車ひとつ、小さな歯車2つがそれぞれ動くか確認します。最後にアイロンをかけるので、45ページのように歯車のかみ合わせをはずしておきます。

44

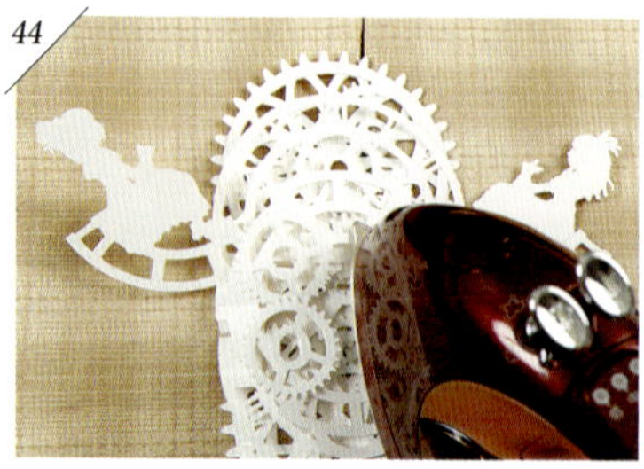

女の子の飾りパーツを引き出してアイロンをかけます。アイロンをかけ終わったら、歯車がかみ合うように歯を組み合わせます。

45

これで完成です。

Tools

道具について

必要な道具を紹介します。基本はカッターさえあればポップアップカードは作れますが、あると便利だったり、コピーして使うときに必要な道具があります。道具はどれも文房具店でそろえられるものがほとんどです。

1.定規　直線をカットするときや折り目を付けるときに使います。　**2.**マスキングテープ　厚紙にコピーした図案を仮留めするときに好みで使います。　**3.**カッターマット　必ずマットの上でカットしてください。机も傷付けず、カッターの歯も長持ちします。　**4.**はさみ　先のとがった細かい作業用と一般的なサイズのはさみがあると便利です。
5.のり　貼ってはがせるタイプ。スプレータイプ、ペーパーボンドなど好みのものでかまいません。コピーした図案を厚紙に仮留めするときに使います。
6.ピンセット　パーツをつかんで引き出したり、カットしたパーツをはずしたりと、細かい部分の作業に。　**7.**カッター　デザインカッターをよく使いますが、一般的なカッターでもかまいません。刃は細くとがっているもののほうが使いやすいでしょう。
8.鉄筆　穴をあけたりするときに。カッターの左から2番目も、カッターと針がセットになったタイプ。

1.上質紙180kg　2.カットタイプの画用紙160kg
3.ケント紙180kg　4.レーザーコピー用の用紙約
170kg　5.ノートタイプの画用紙110kg

Paper
紙について

歯車がかみ合って回転するので、ある程度の厚さが必要です。80～180kgくらいの厚紙をお勧めします。紙の厚さにすると0.18mm～0.23mmくらいです。紙は重くなるほど厚くなります。厚すぎてもカットしにくくなるので、180kgまでが目安です。いろいろな角度から見て楽しむため、また組み立てる段階で折り返しも多いので表裏のない紙を使ってください。普段はケント紙を使っています。いろいろ試して自分の使いやすい紙、好みの紙を見つけてください。

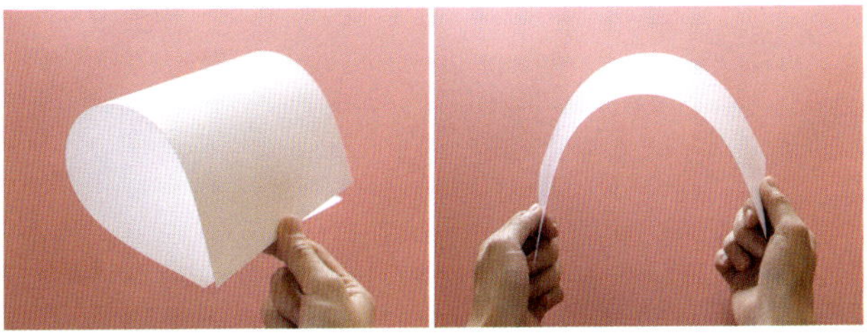

持ってみてこのくらい張りのあるものを。画用紙は折り目が付くと、その部分が弱くなるので注意を。

How to make

カットする

97ページからの厚紙の型紙は、そのままカットして組み立ててください。66〜95ページの型紙は、コピーして厚紙に貼って使います。ここではカットのちょっとしたコツとコピーして使う方法を解説します。デザインカッターを使っていますが、歯車の外側などははさみでカットしてもかまいません。細かい部分はカッターがお勧めです。

1

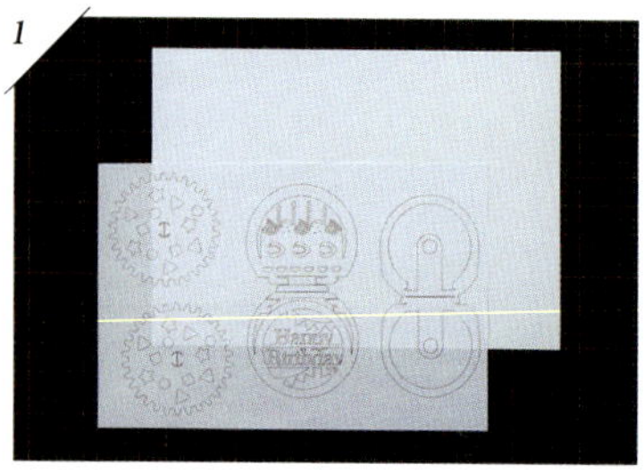

厚紙、図案をコピーした紙を用意します。厚紙は図案よりも大きいサイズの紙がよいでしょう。

2

図案の裏に貼ってはがせるのりを少量付けます。スプレーのりなら30cm以上離してひとふき、スティックのりならば全面ではなくポイントだけでもかまいません。のりの付けすぎには注意を。

3

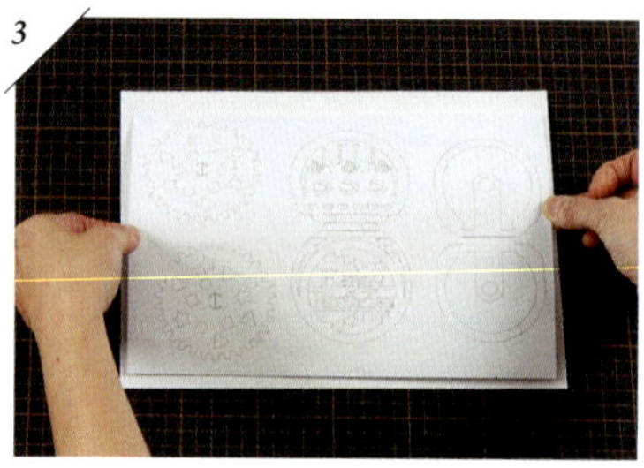

厚紙に図案を貼ります。しわにならないようにきれいに貼りましょう。

4

手でならして密着させます。図案がずれるのが心配な場合は、上下をマスキングテープで止めてもかまいません。

5

パーツごとに切り分けます。紙を回しながら切ることが多いので、大きなサイズのままよりも扱いやすくなります。

6

図案の内側からカットします。角にカッターの刃先を入れて、切り始めます。反対側の手で紙を押さえますが、手はカッターの進行方向（手前）に置かないようにしてください。

7

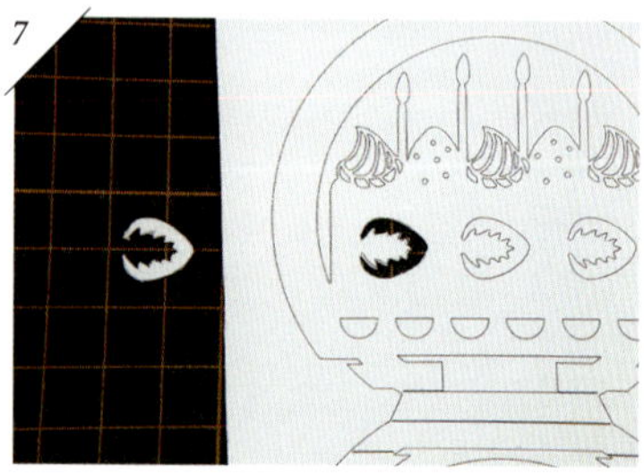

いちごの部分がカットできました。厚紙なので力を入れますが、入れ過ぎはかえってカットしにくくなります。下までカットできなかった場合は、上から切り目をなぞればOKです。

8

細かい部分も角からカッターの刃先を入れて切り始めます。

9

紙をカットしやすい方向に回しながら慎重にカッターを動かします。最初と最後は角を合わせて切り抜きます。

10

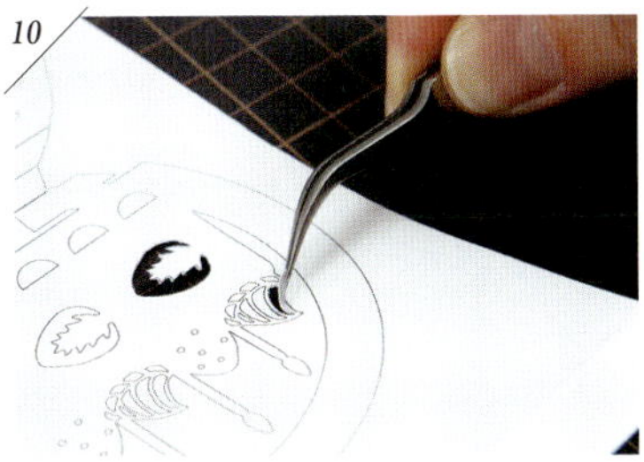

細かい部分はピンセットで取ると便利です。

11

いちごのつぶつぶなどの細かい部分は、針や鉄筆などの先のとがったもので刺して穴をあけます。画びょうなどでもかまいません。

12

歯車の周囲ははさみでカットしてもかまいません。歯車の歯の頂点に合わせてカットします。

13

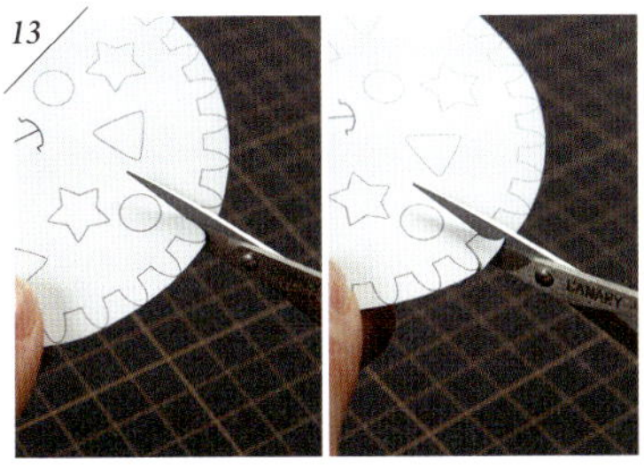

歯の左右をはさみでカットします。ここまではさみでもカットできます。

14

最後の一辺はカッターでカットします。これで歯車の歯の部分ができました。

15

点線の部分は折り線です。そのまま折ってもかまいませんが、カッターの刃先で点々と小さな切り込みを入れておくと折りやすくなります。また、折り線がどこかの目印にもなります。

16

歯車の支柱などの穴は、カットした後にペンのふたなどの丸いものを差し込んで回し、切り口をなめらかにしておきます。

17

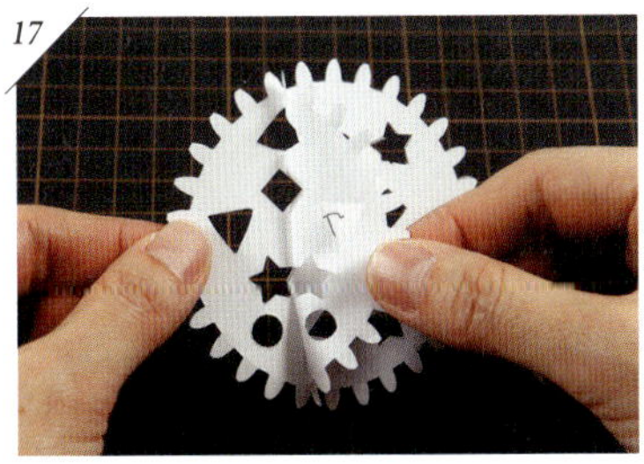

上に貼った図案のコピーを端から慎重にはがします。

18

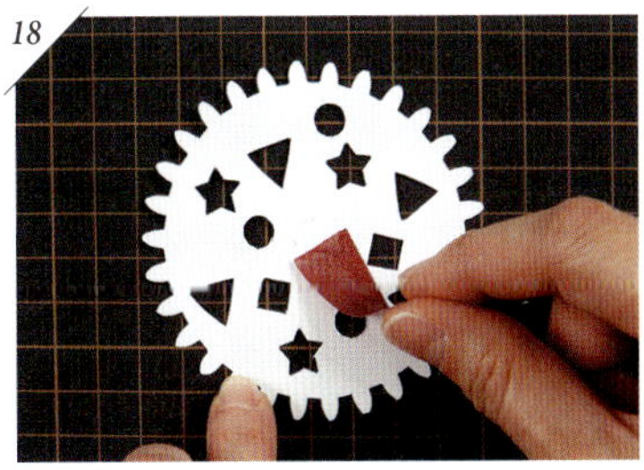

のりが残った場合は、マスキングテープや専用のゴムなどで取り除きます。

アレンジを楽しむ

モチーフ部分を好みのモチーフにしたり、色を変えたり組み合わせたり、サイズを変更したりすることが可能です。自由に自分でアレンジできるのもギアワールドの楽しみ方のひとつです。

スモールサイズの例。歯車、本体、モチーフを自由に組み合わせることができます。歯車は歯の部分の形と文字を選べます。文字をカットせずに、好きな絵や文字を書いてもOK。それぞれのパーツの色も組み合わせ自由です。ほかのサイズはもう少し自由度はさがりますが、モチーフや紙の色を変えて楽しめます。

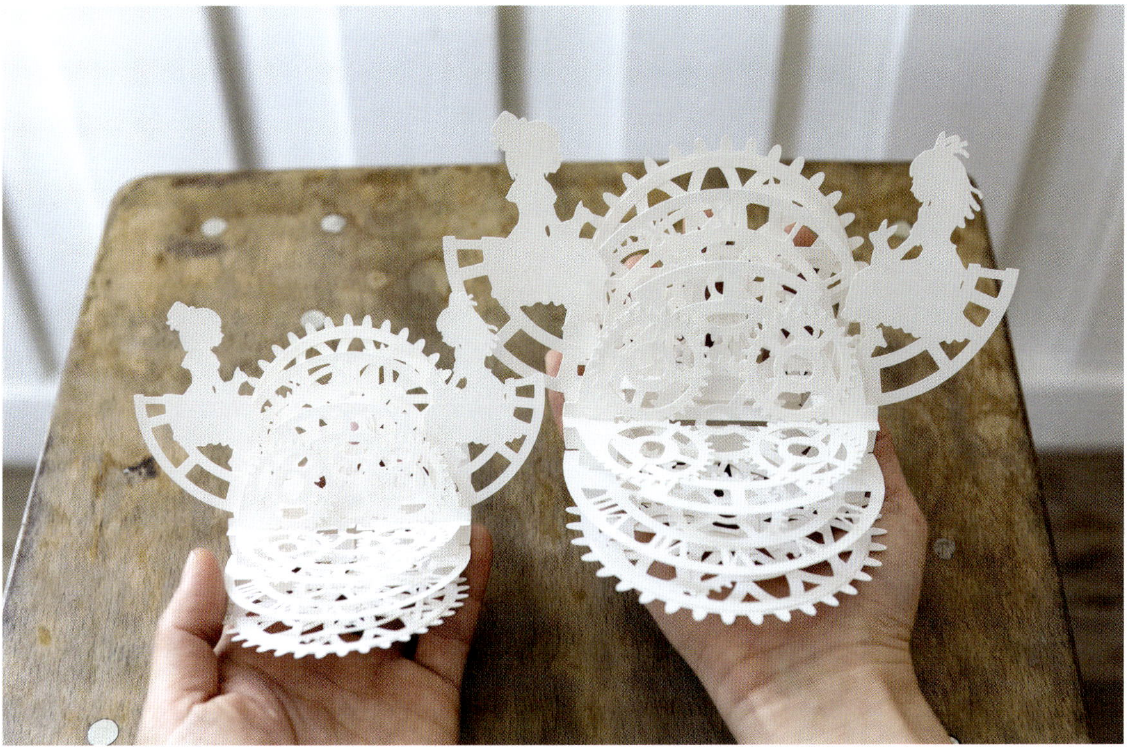

右が掲載作品、左が75%縮小版です。小さくすることで細かくなりますが、紙を薄くできるのでカットが少し楽になります。手のひらにすっぽり収まるサイズは、歯車を回すときに片手で両端を持ちやすくなるという利点も。小さくてかわいいので、いくつか並べて飾るのにぴったりです。特にラージサイズやスペシャルサイズのような、複雑な仕組みとボリュームのあるタイプを小さくするとかわいく出来上がります。

HappyBirthd

Congrats

作品の型紙

- 66ページからすべての作品の型紙を掲載しています。60ページの要領でコピーして厚紙に貼ってお使いください。コピーして貼る方法以外に、トレースをして厚紙に図案を写してもかまいません。このとき、なるべく線が目立たないようにしましょう。破線は折り線です。61ページのように点々と小さな切り込みを入れておくとよいでしょう。

- 97ページから8作品の型紙を掲載した厚紙が付いています。そのまま切り取って組み立ててください。パーツには表裏のないものが多いですが、厚紙は図案が印刷されているほうが裏になります。そのため図案は反転して掲載しています。文字や左右対称でないパーツは向きに注意してください。

- 作品の組み立て方は、スモールは14ページ、ミディアムは28ページ、ラージは42ページ、スペシャルは52ページに掲載しています。サイズが同じならば図案に関わらず、サイズごとに組み立て方は同じなのでページを見ながら組み立ててください。

P.6

スモール 共通パーツ

スモールで使うパーツです。組み立て方は14ページ参照。

1 共通

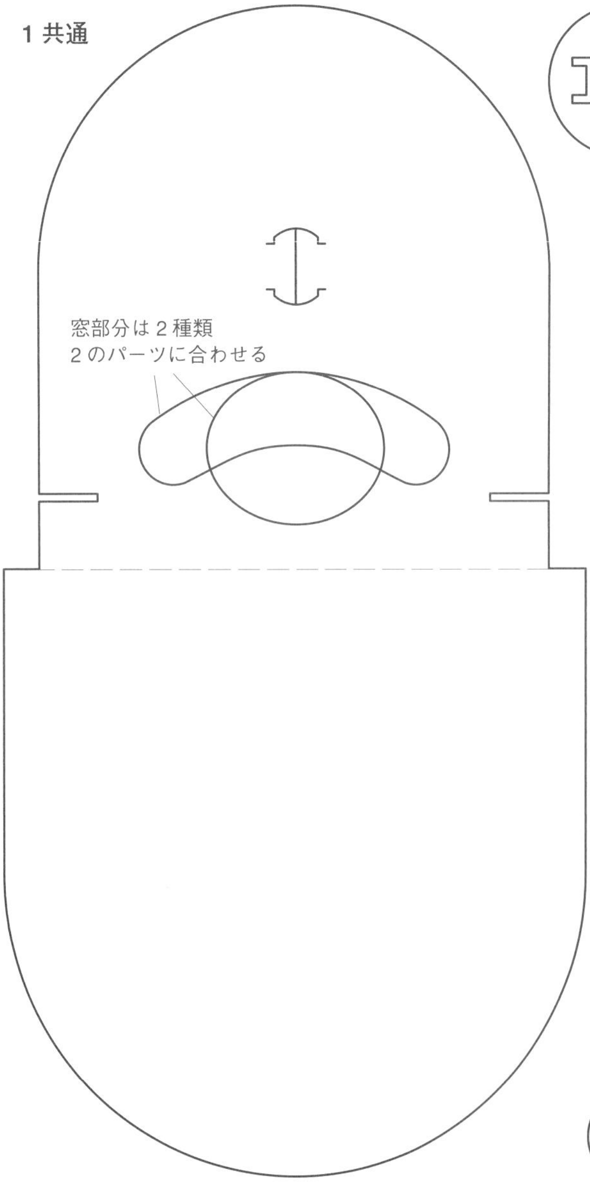

4 共通

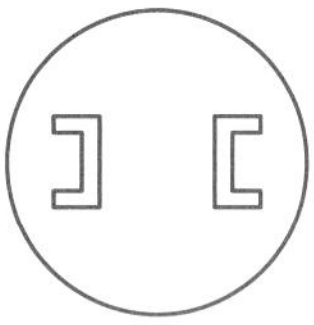

2 共通

歯車の歯の形は2種類
好みの歯の形と文字や絵を組み合わせる

2 共通

歯車の歯の形は2種類
好みの歯の形と文字や絵を組み合わせる

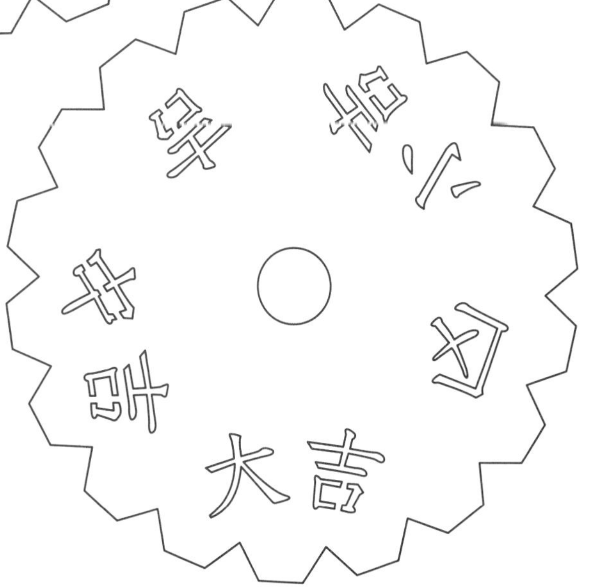

スモール モチーフパーツ

8～10ページのスモールで使うモチーフパーツです。66、67ページとあわせて使ってください。組み立て方は14ページ参照。

3

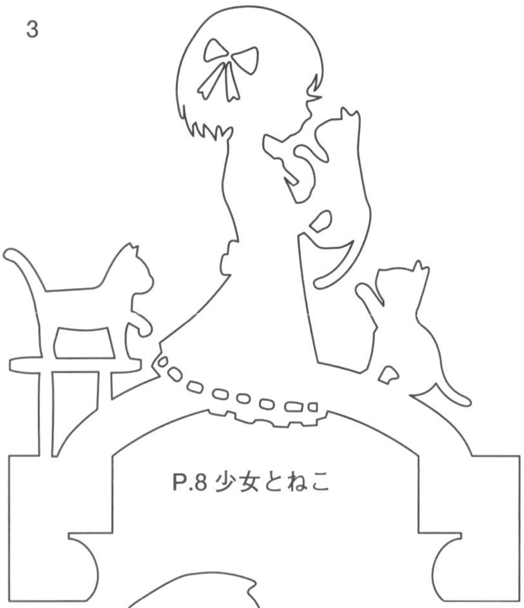

11～13ページのスモールで使うモチーフパーツです。66、67ページとあわせて使ってください。組み立て方は14ページ参照。

3

P.11 しろくまとペンギン

P.11 ジャンプするイルカ

P.12 さくら

P.13 雪の結晶

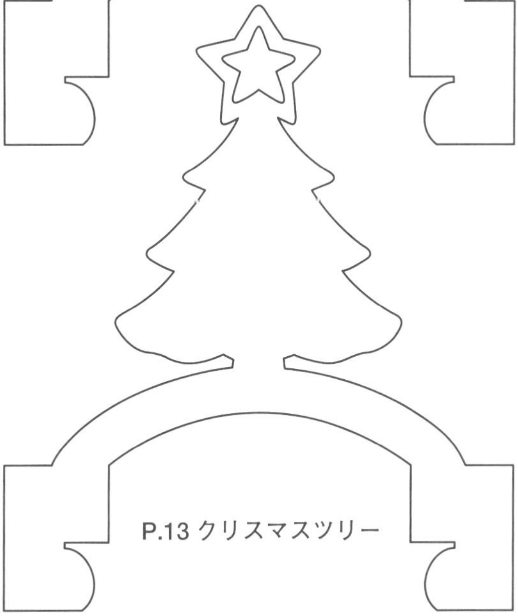
P.13 クリスマスツリー

P.16

ミディアム 共通パーツ

ミディアムで使うパーツです。組み立て方は28ページ参照。

2 共通

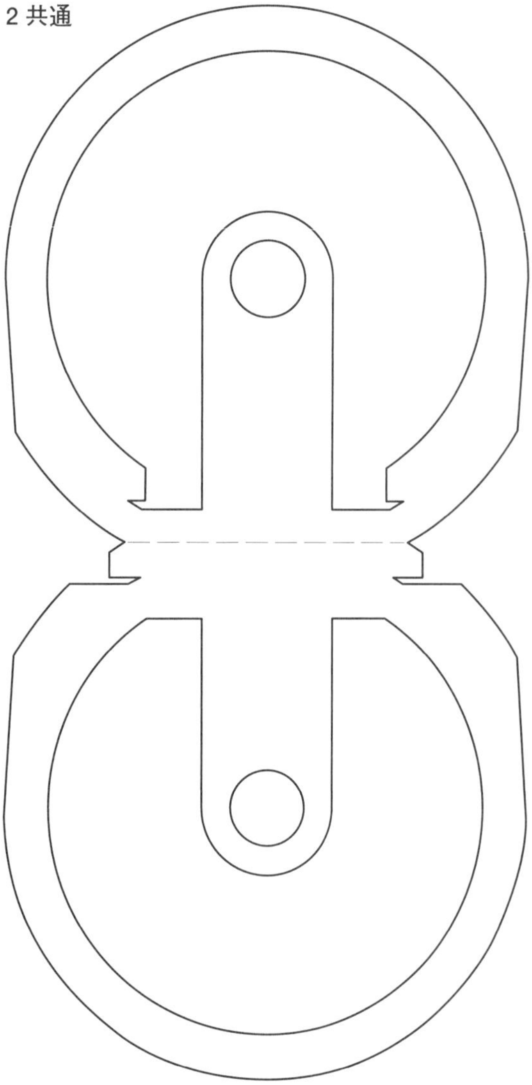

3、4 共通

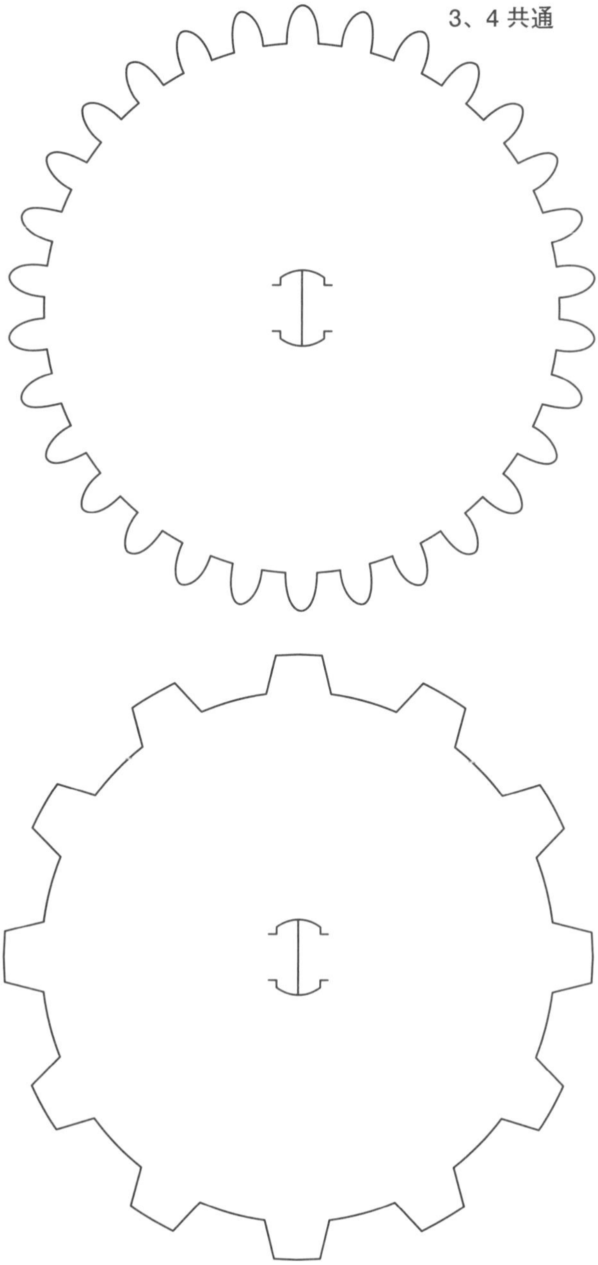

歯車の歯の形は 2 種類
好みの歯の形に図案を組み合わせて変更してもよい

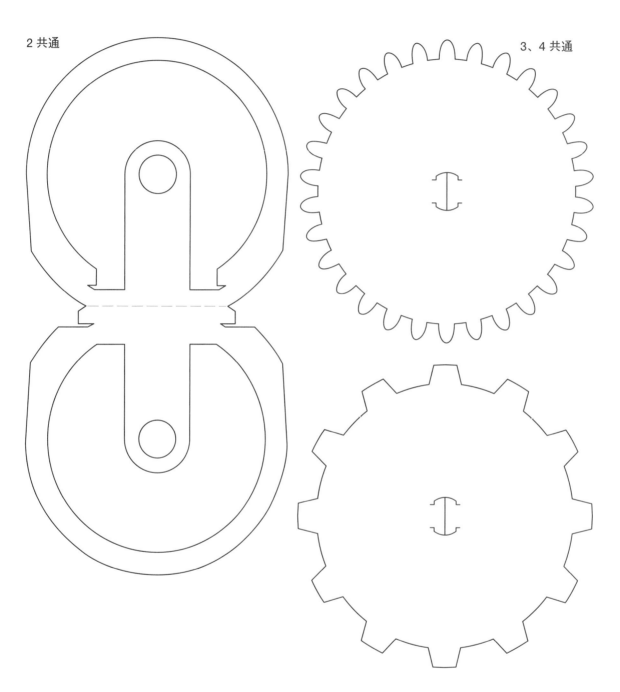

18、19ページのミディアムで使うモチーフパーツです。70ページとあわせて使ってください。組み立て方は28ページ参照。

1

3、4 各 1 枚

P.18
アリスとトランプ

P.19 人魚姫

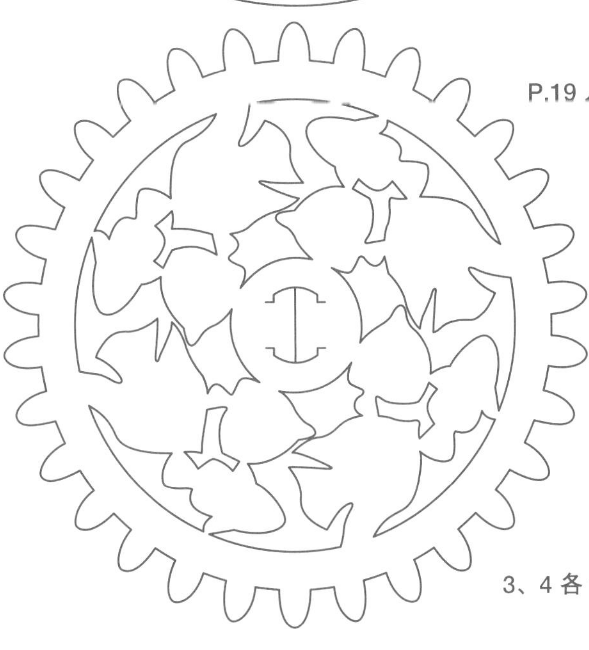

3、4 各 1 枚

1

P.20~

ハッピーウェディング、ハッピーバースデー

20～22ページのミディアムで使うモチーフパーツです。70ページとあわせて使ってください。組み立て方は28ページ参照。

1

3、4 各 1 枚

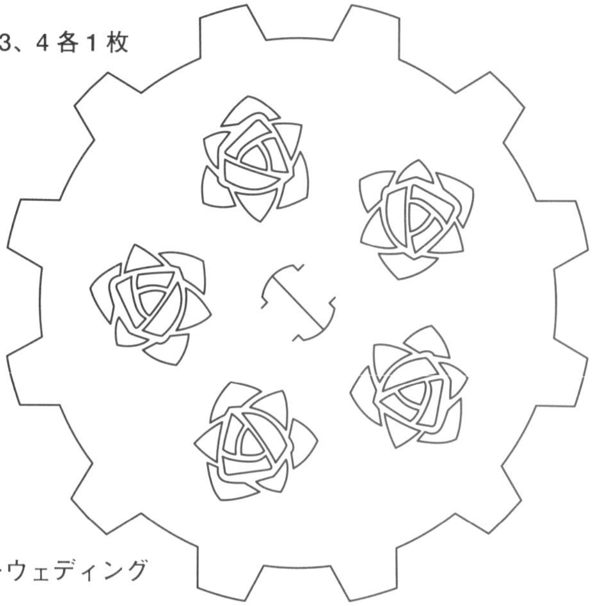

P.20
ハッピーウェディング

P.22
ハッピーバースデー

3、4 各 1 枚

1

24、25ページのミディアムで使うモチーフパーツです。70ページとあわせて使ってください。組み立て方は28ページ参照。

1

3、4各1枚

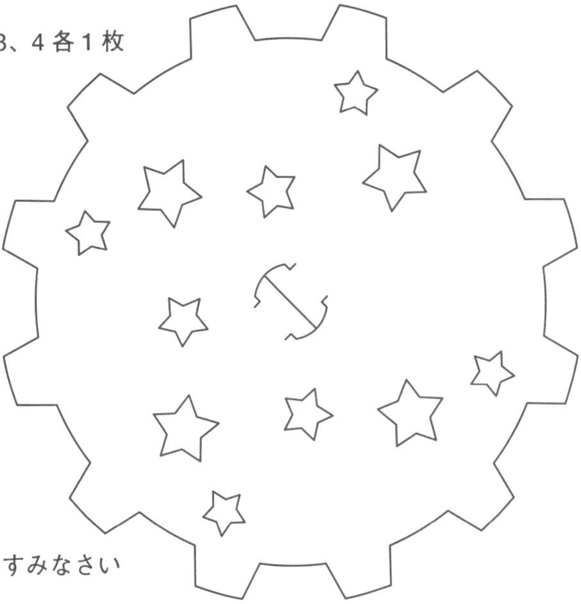

P.24 おやすみなさい

P.25 おめでとう

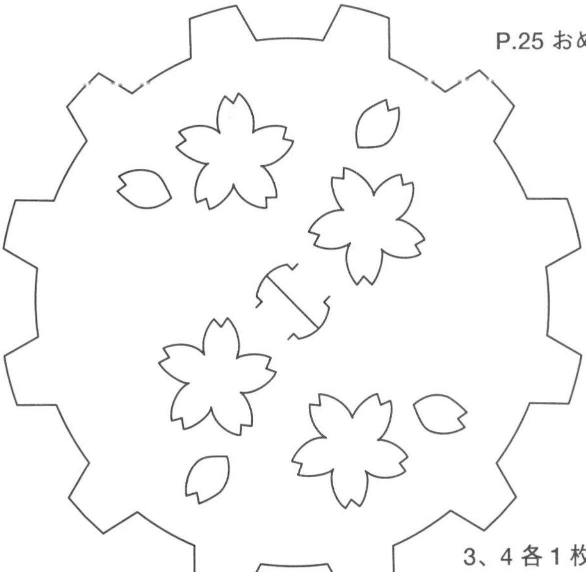

3、4各1枚

1

P.26~

ハロウィン、メリークリスマス

26、27ページのミディアムで使うモチーフパーツです。70ページとあわせて使ってください。組み立て方は28ページ参照。

1

3、4 各1枚

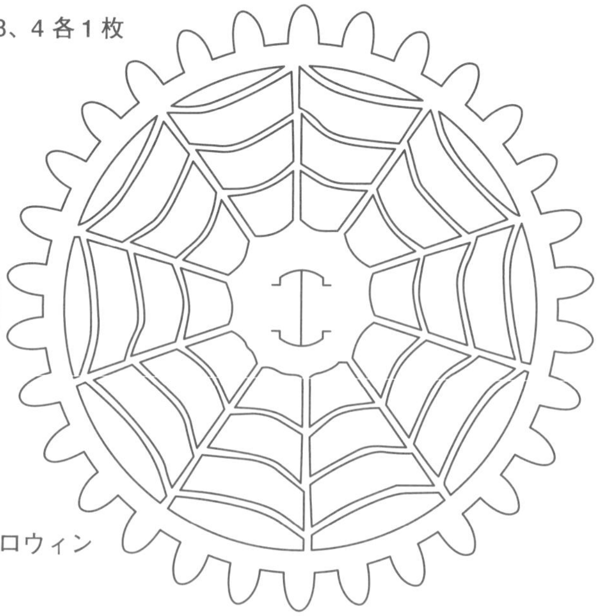

P.26 ハロウィン

P.27 メリークリスマス

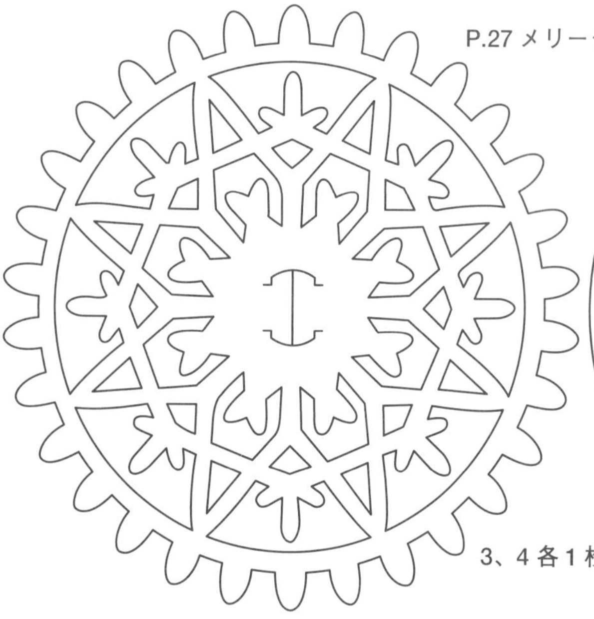

3、4 各1枚

1

ラージ 共通パーツ

P.30

ラージで使うパーツです。組み立て方は42ページ参照。

1 共通

7 共通

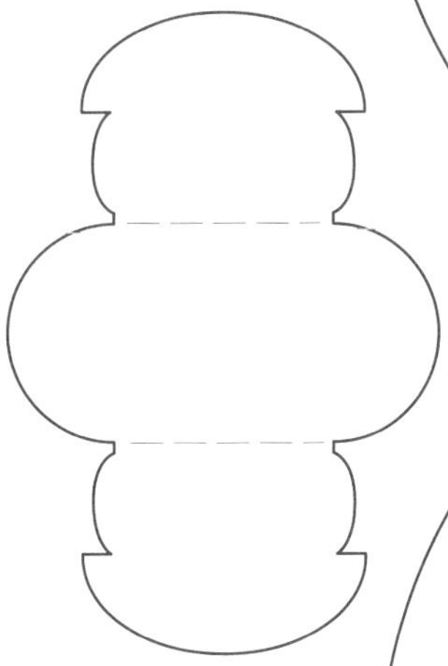

P.32

アリスとうさぎ

ラージで使うモチーフパーツです。75ページとあわせて使ってください。組み立て方は42ページ参照。

2

6

4

5

3

8

9

P.33

赤ずきん

ラージで使うモチーフパーツです。75ページとあわせて使ってください。組み立て方は42ページ参照。

2

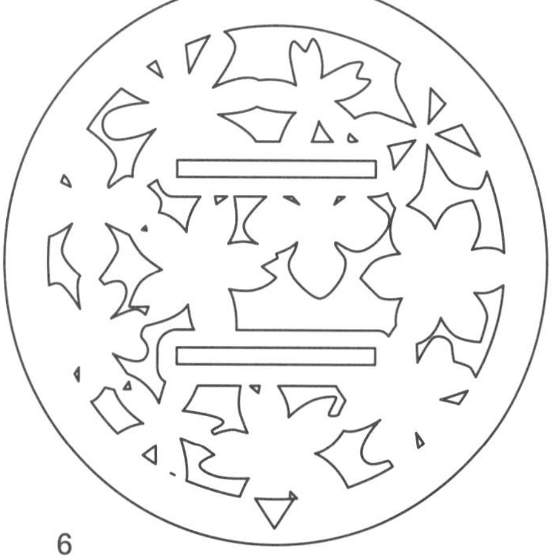

6

4

5

3

8

9

P.34

ウェディング

ラージで使うモチーフパーツです。75ページとあわせて使ってください。組み立て方は42ページ参照。

2

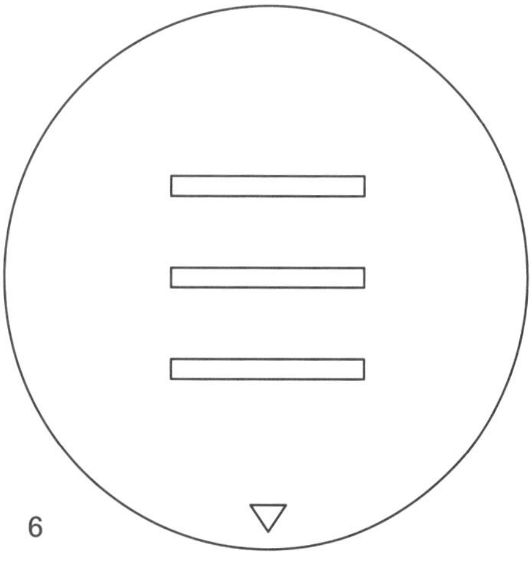

6

4

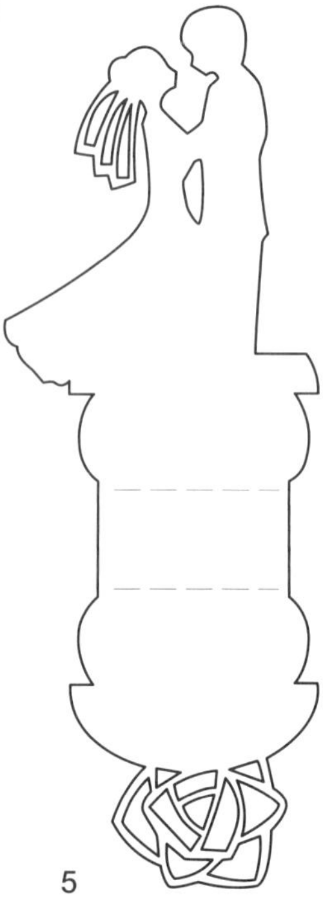

5

3

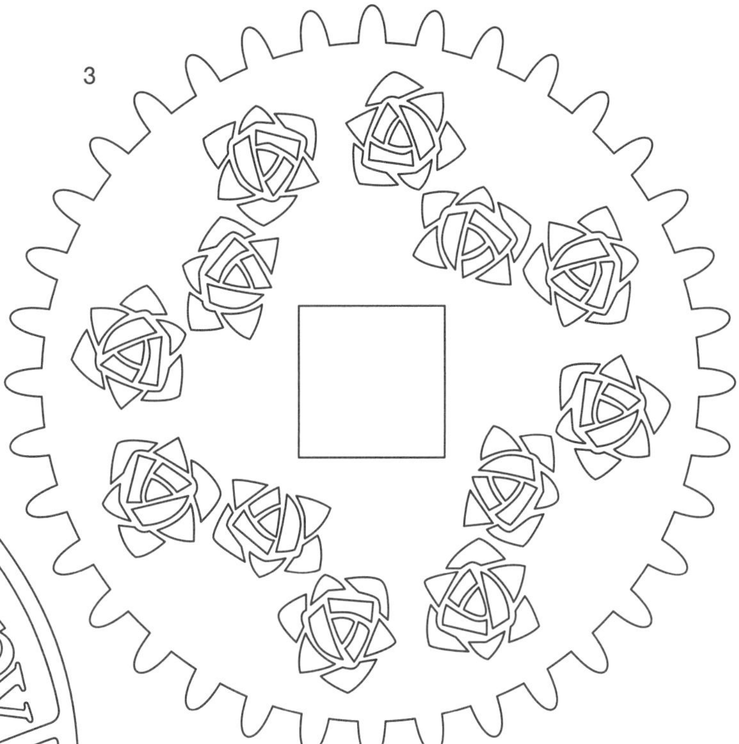

8

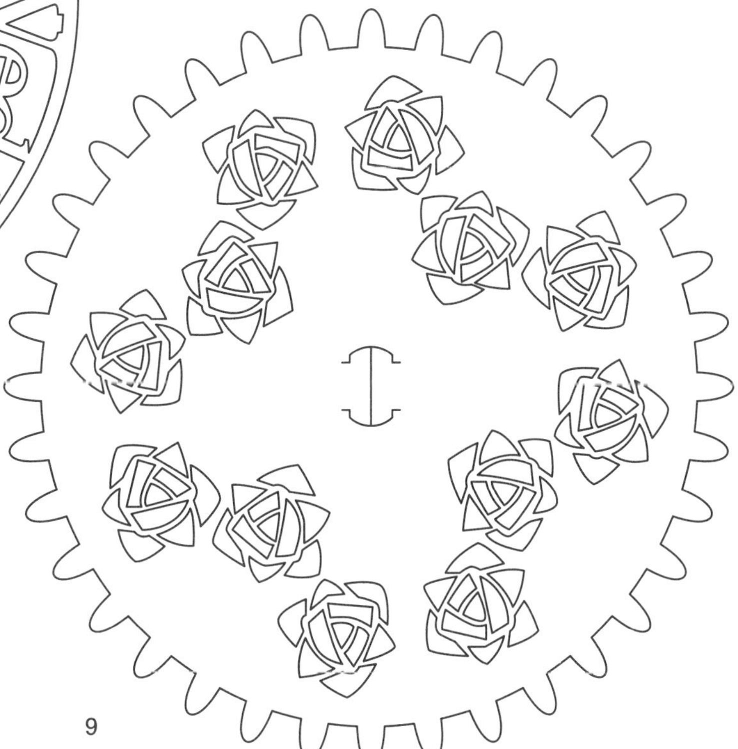

9

P.35

ハッピーバースデー

ラージで使うモチーフパーツです。75ページとあわせて使ってください。組み立て方は42ページ参照。8のパーツはありません。

2

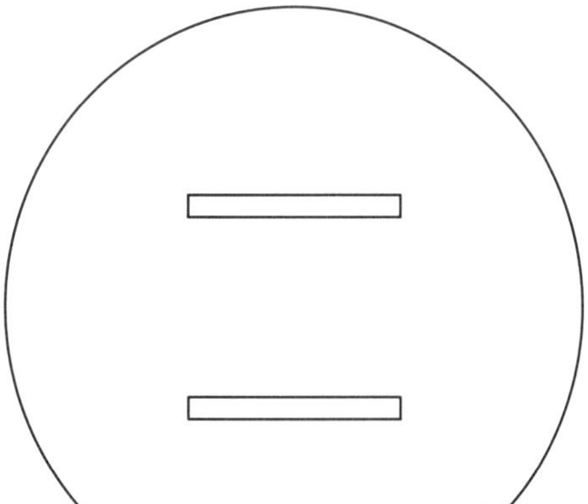

6

4

5

3

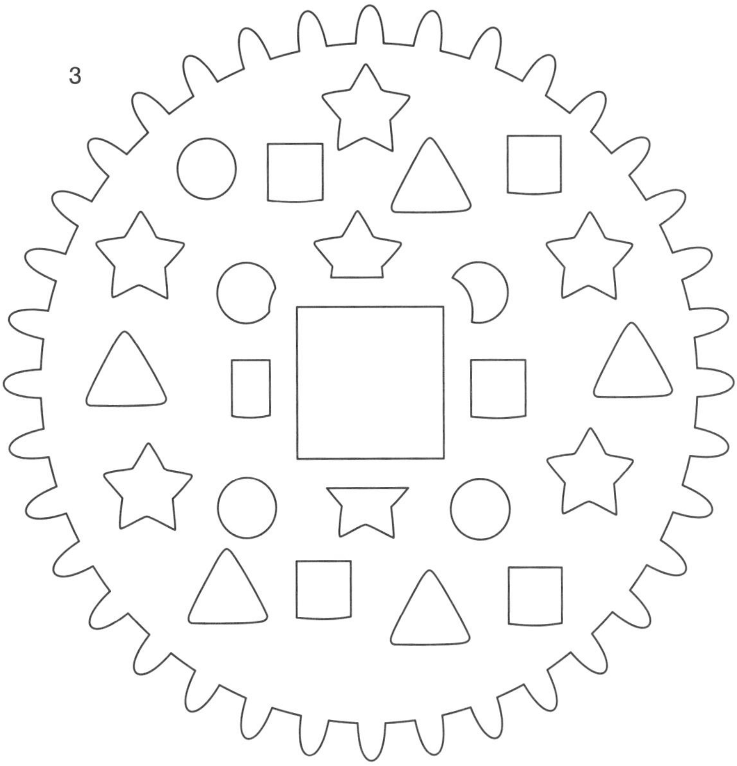

9

遊園地

ラージで使うモチーフパーツです。75ページとあわせて使ってください。組み立て方は42ページ参照。

2

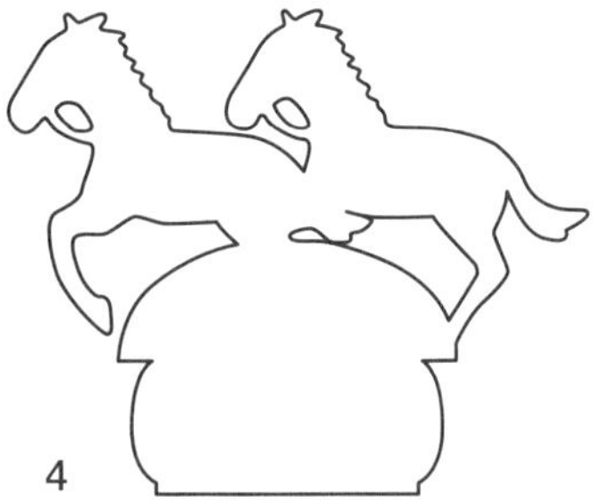

4

5

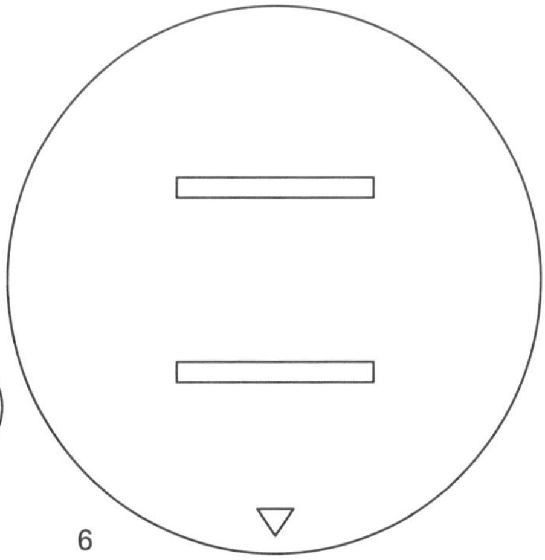

6

3

8

9

P.38

ねこ

ラージで使うモチーフパーツです。75ページとあわせて使ってください。組み立て方は42ページ参照。8のパーツはありません。

2

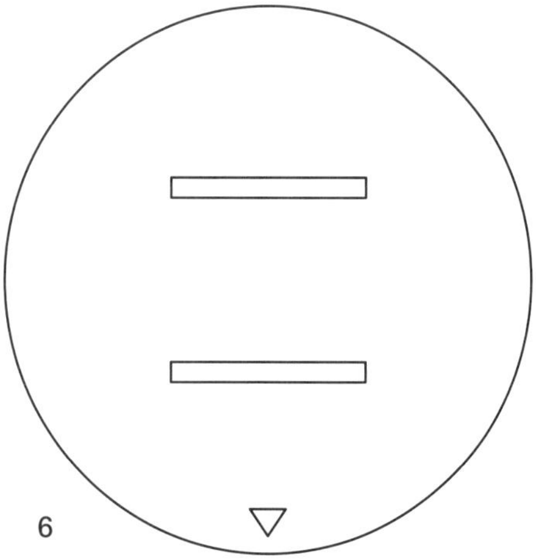

6

4

5

3

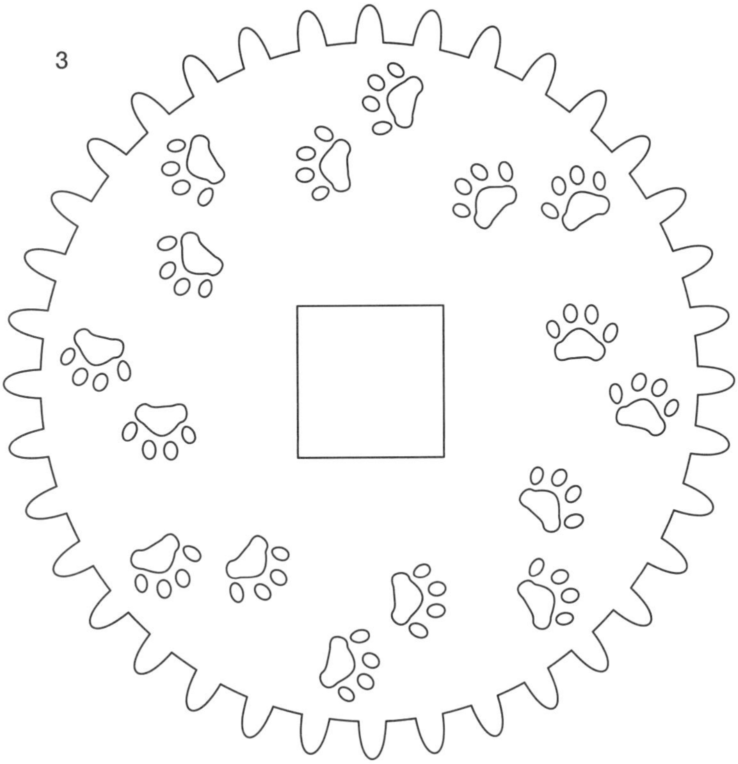

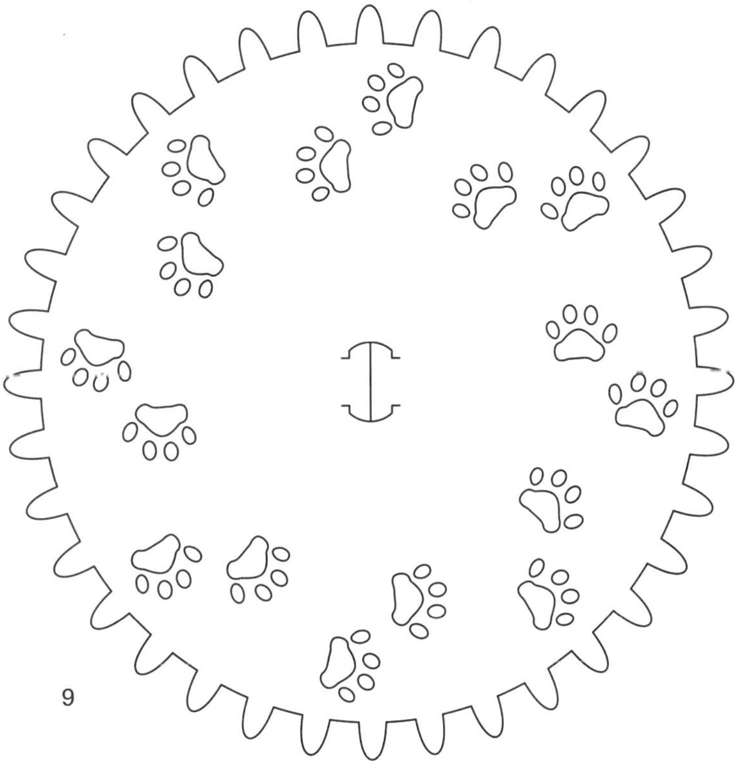

9

P.39 ハロウィンパーティー

ラージで使うモチーフパーツです。75ページとあわせて使ってください。組み立て方は42ページ参照。

2

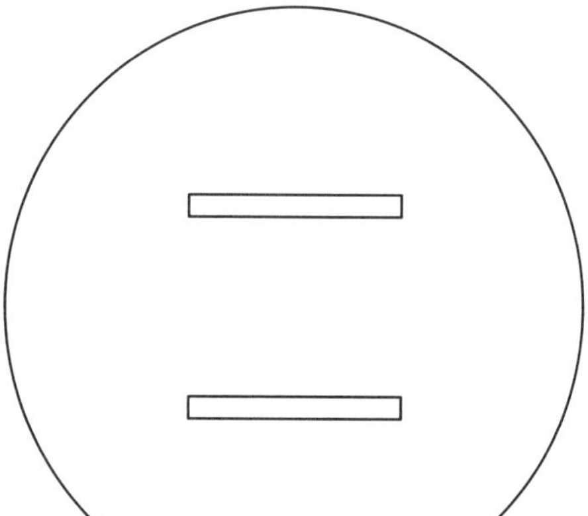

6

4

5

3

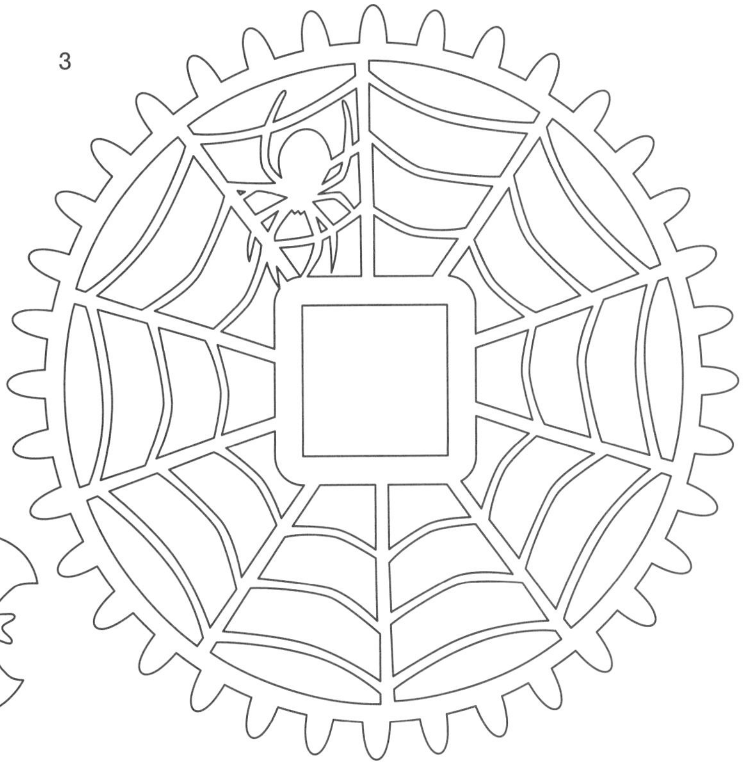

8

9

P.40

サンタが街にやってきた

ラージで使うモチーフパーツです。75ページとあわせて使ってください。組み立て方は42ページ参照。8のパーツはありません。

2

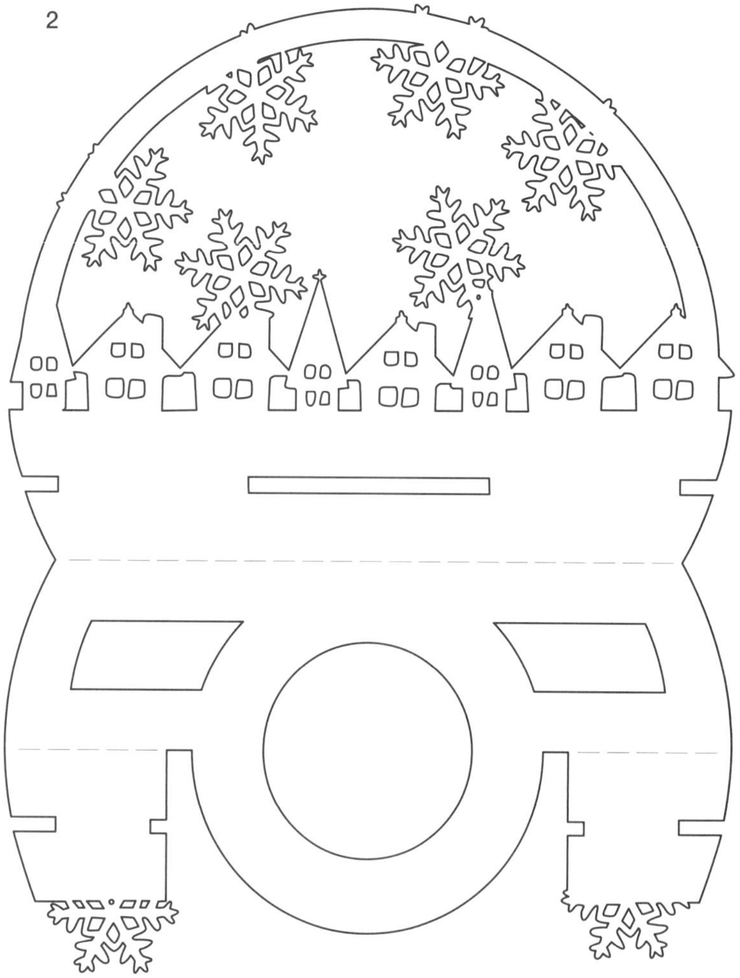

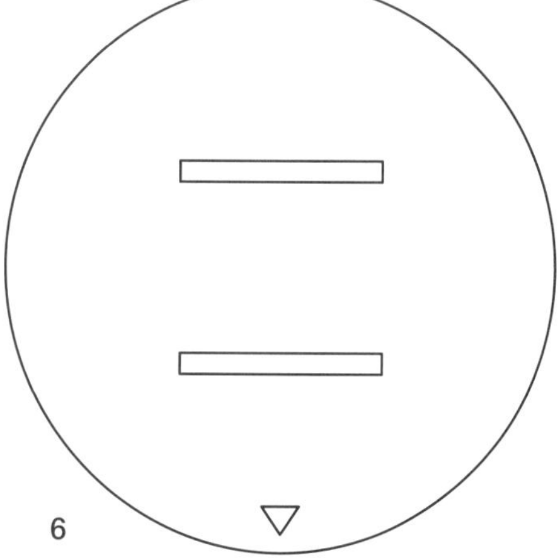

6

4

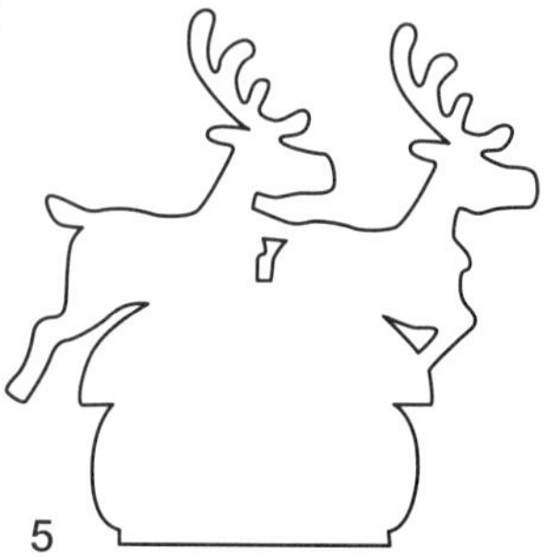

5

3

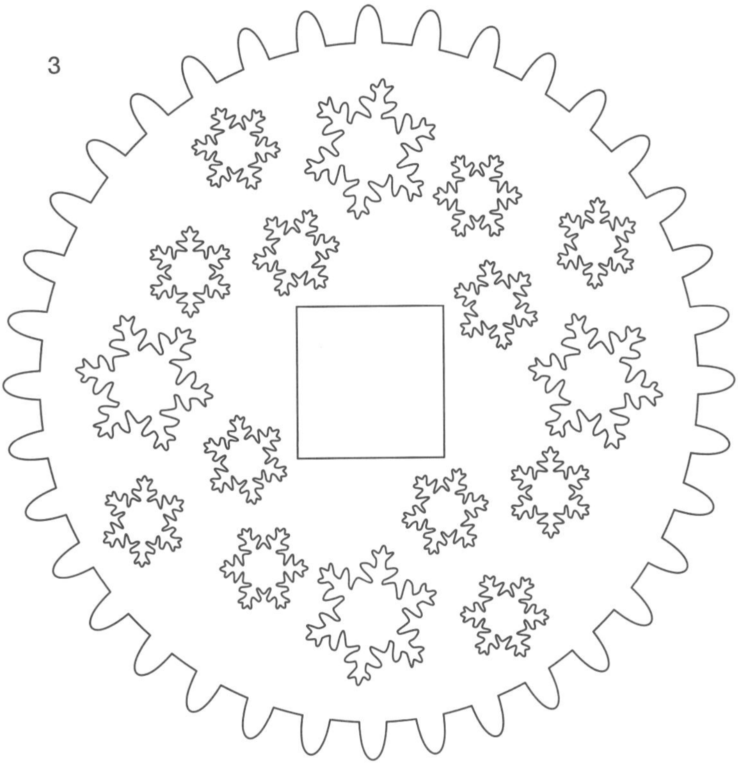

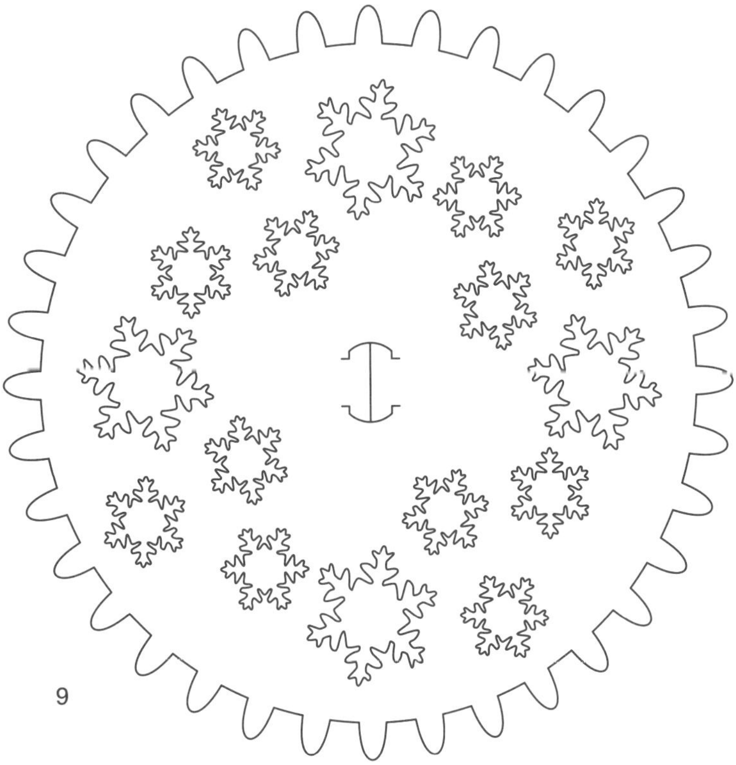

9

P.46

スペシャル 共通パーツ

スペシャルで使うパーツです。組み立て方は52ページ参照。

1 共通

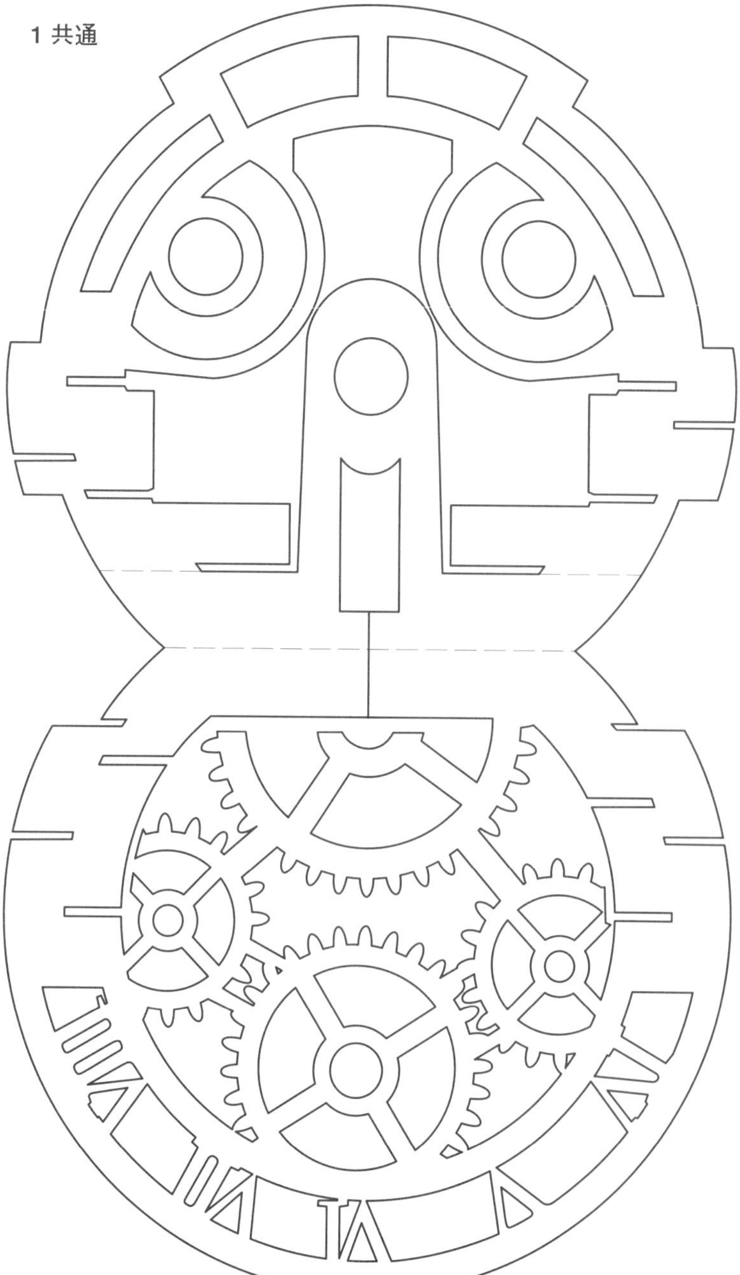

9～12 共通

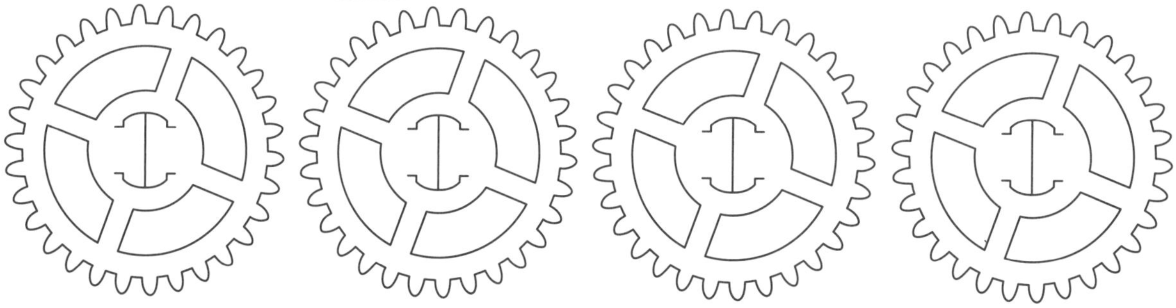

2 共通

4 共通

P.48

スペシャル 共通パーツ、ギアワールド

スペシャルで使う共通パーツとモチーフパーツです。92、93ページとあわせて使ってください。組み立て方は52ページ参照。

3 共通

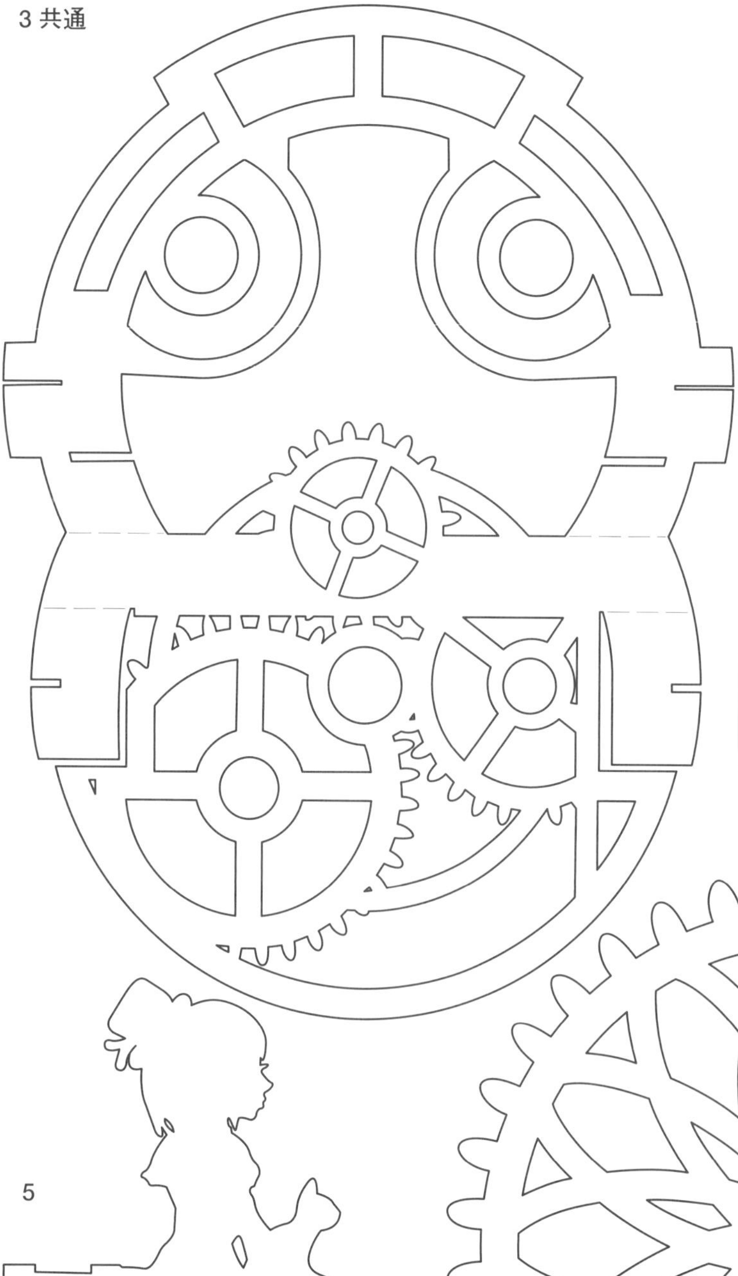

6

7、8 各1枚

5

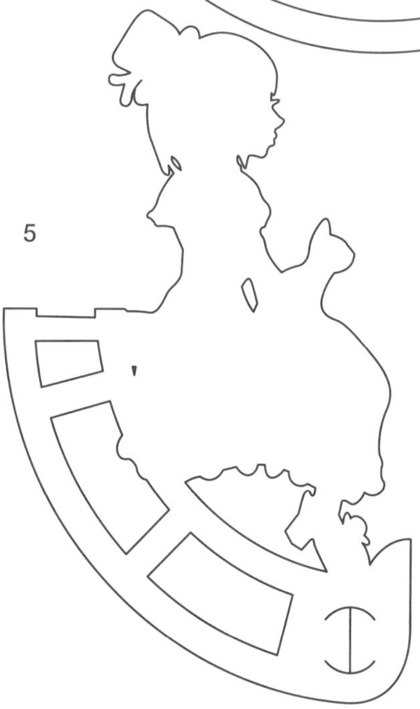

スペシャルで使うモチーフパーツです。92〜94ページとあわせて使ってください。組み立て方は52ページ参照。

5

7

6

8

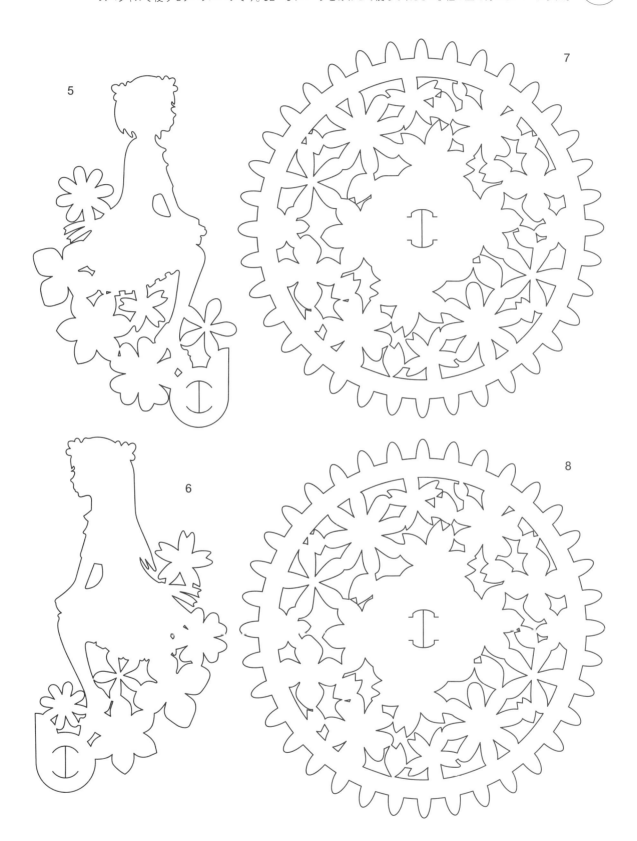

月本せいじ

兵庫県出身。ポップアップカードアーティスト。代表作のSPHEREをはじめ、立体のおもしろさのある作品を追求している。ポップアップカードは、イベントや個展、ネットで販売中。現在も新たな形のポップアップカードを研究している。著書に『不思議な球体ポップアップカード』(グラフィック社)がある。

http://twitter.com/TsukimotoSeiji

staff

撮影　山本和正
デザイン　中田聡美
図案トレース　共同工芸社
編集　恵中綾子(グラフィック社)

GEAR WORLD
ギアワールド

歯車で動くポップアップカード

2019年7月25日　初版第1刷発行
2019年10月25日　初版第2刷発行

著　者　月本せいじ
発行者　長瀬 聡
発行所　株式会社グラフィック社
〒102-0073
東京都千代田区九段北1-14-17
tel. 03-3263-4318(代表)
03-3263-4579(編集)
fax. 03-3263-5297
郵便振替　00130-6-114345
http://www.graphicsha.co.jp
印刷製本　図書印刷株式会社

ISBN978-4-7661-3262-5　C2076

厚紙をそのまま切って使えます。組み立て方は14ページ参照。

1

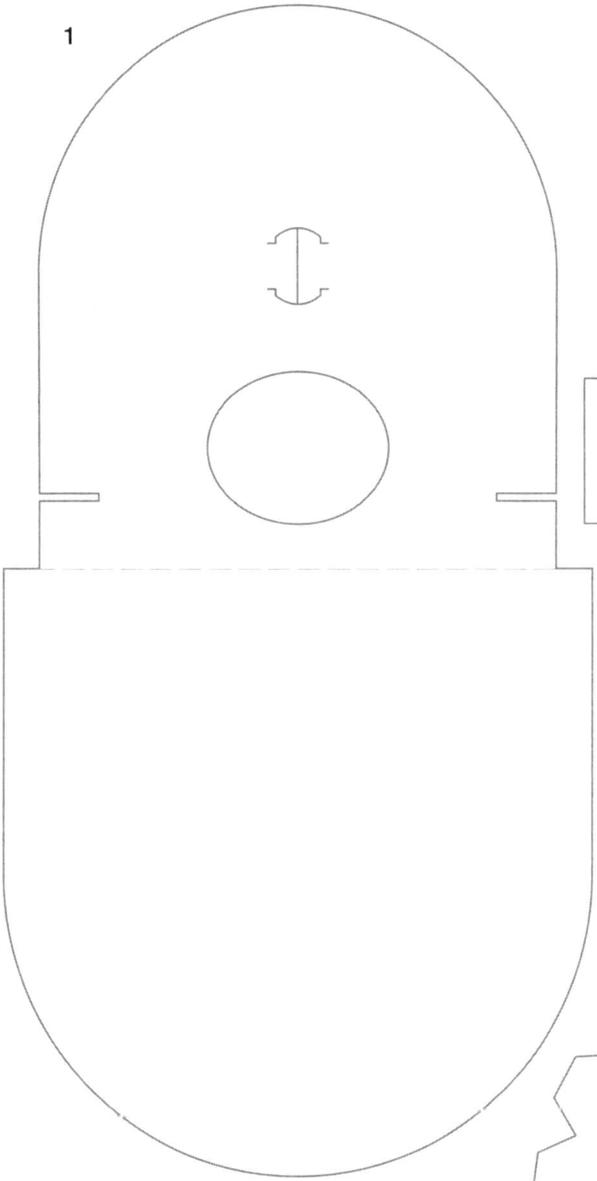

3

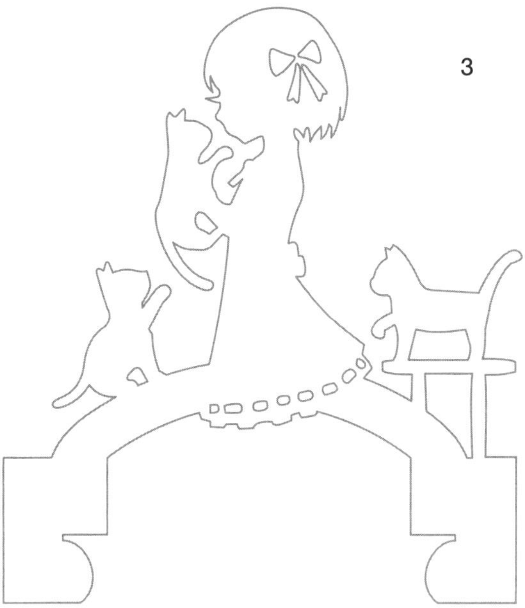

4

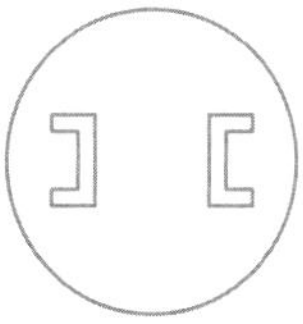

2

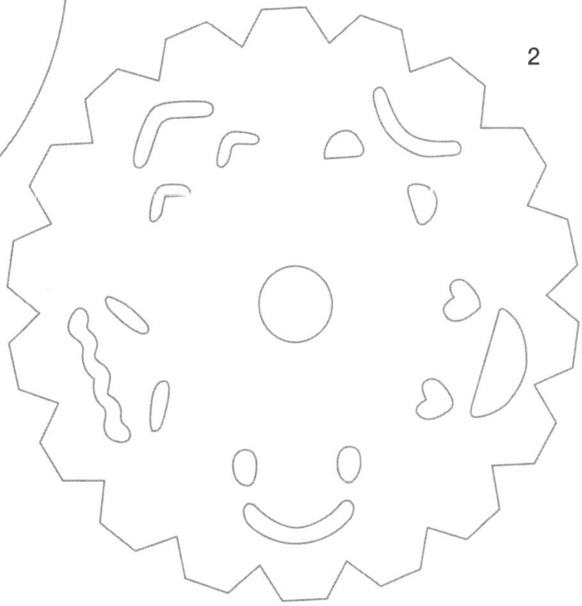

切り取り線

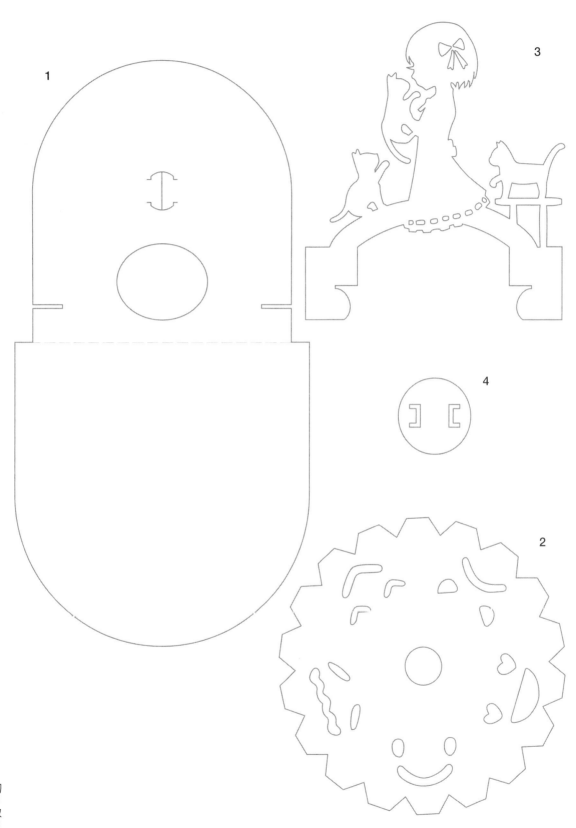

切り取り線

厚紙をそのまま切って使えます。組み立て方は14ページ参照。

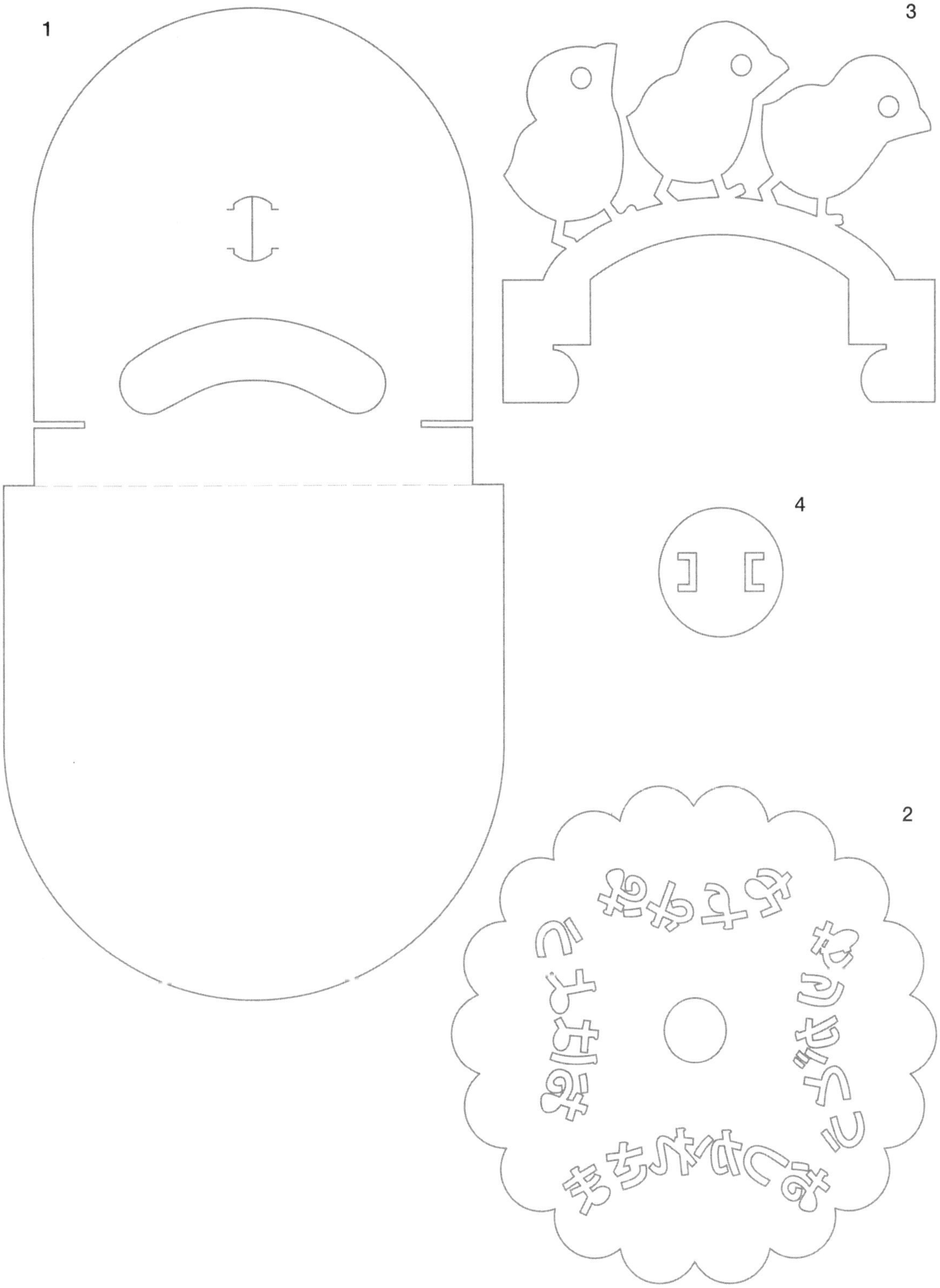

切り取り線

切り取り線

厚紙をそのまま切って使えます。組み立て方は28ページ参照。

1

2

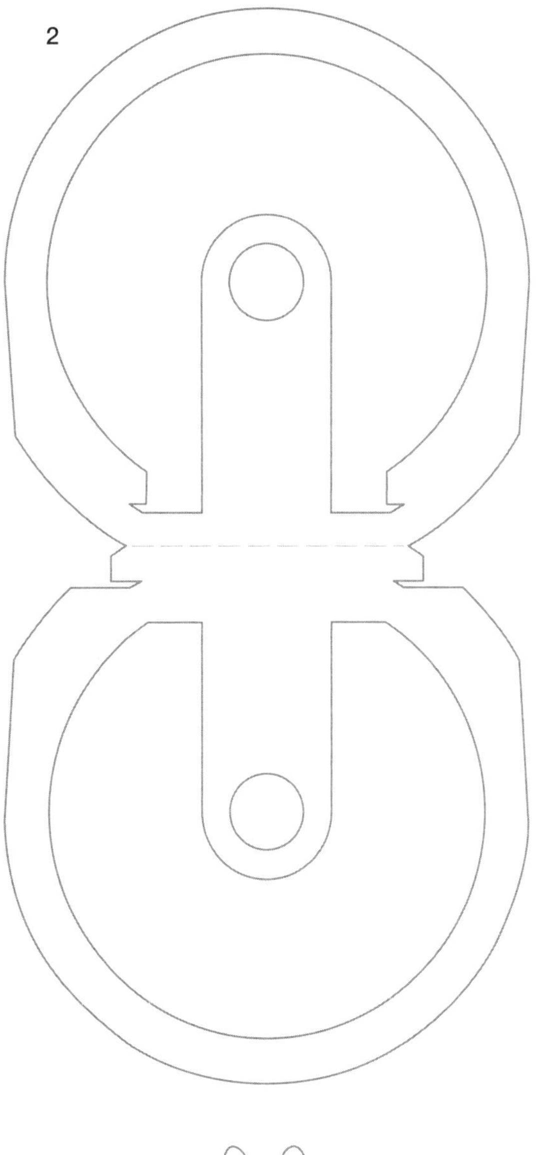

3

4

切り取り線

切り取り線

ハッピーバースデー

P.22

厚紙をそのまま切って使えます。組み立て方は28ページ参照。

1

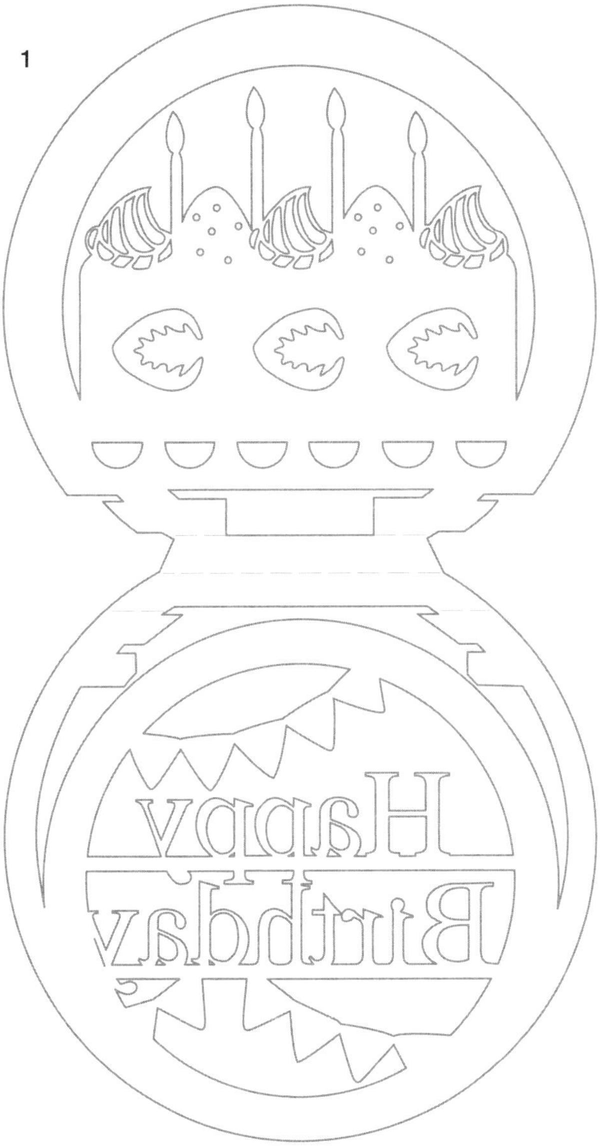

2

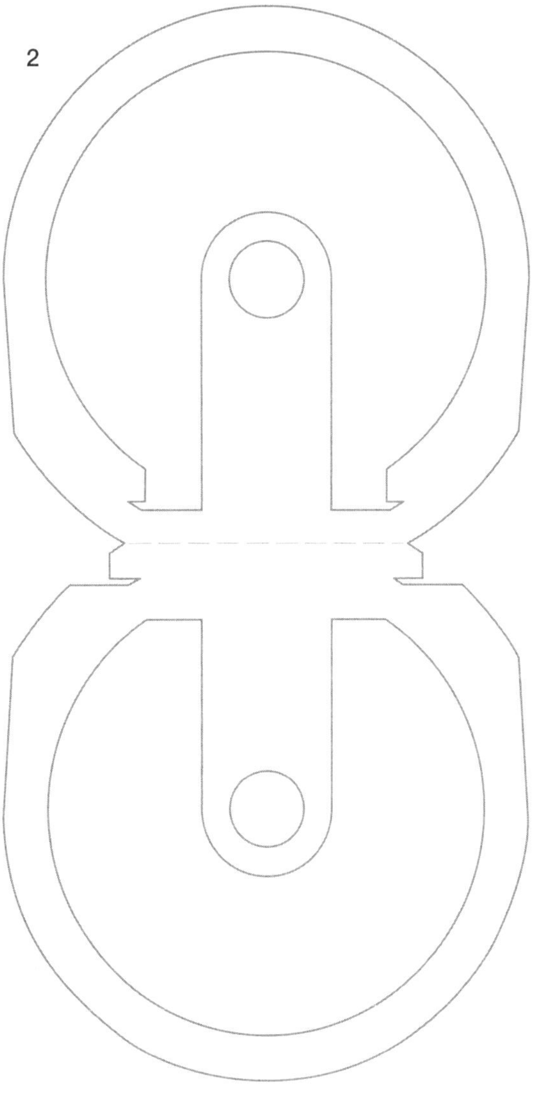

3

4

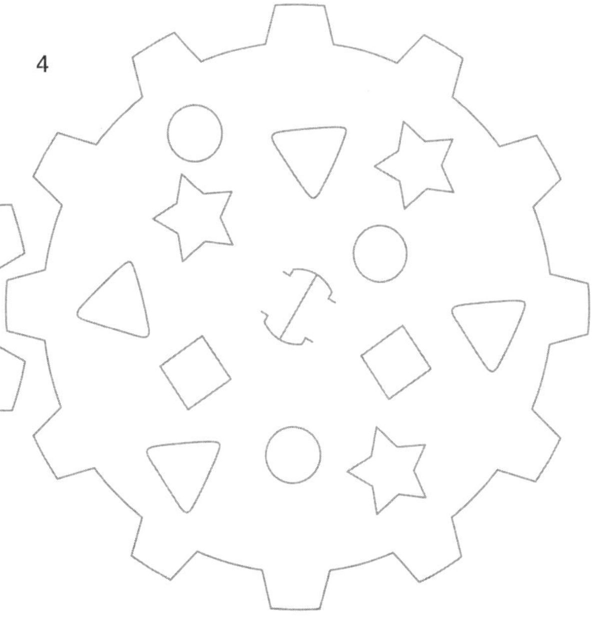

切り取り線

切り取り線

切り取り線

P.36

遊園地

厚紙をそのまま切って使えます。組み立て方は42ページ参照。

1

7

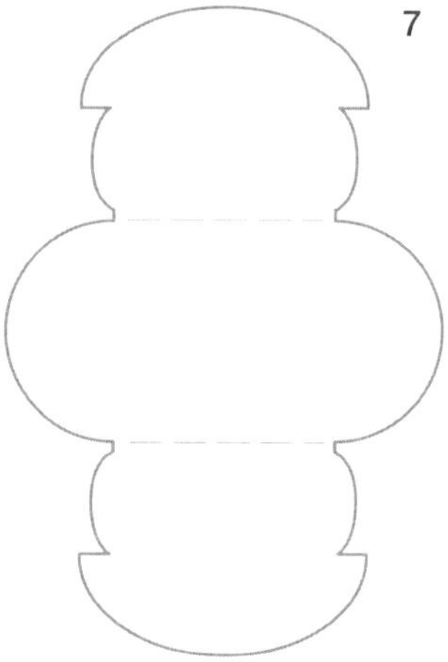

切り取り線

2

6

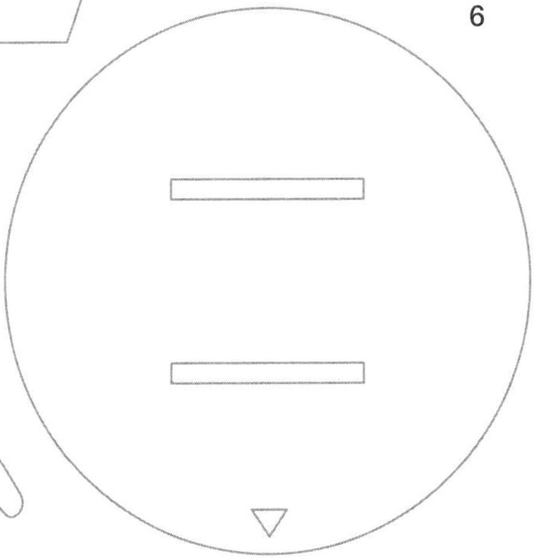

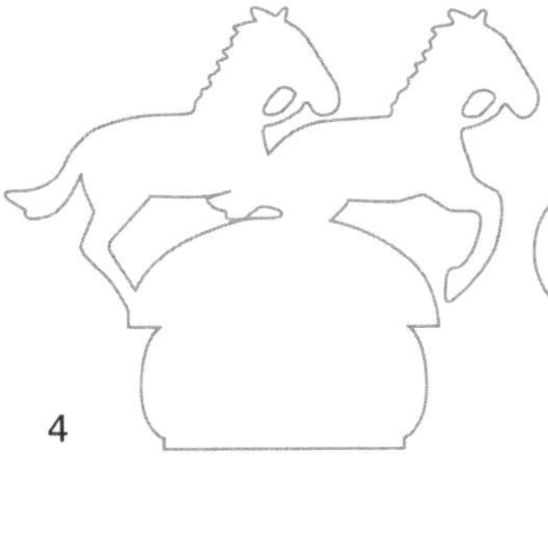

4

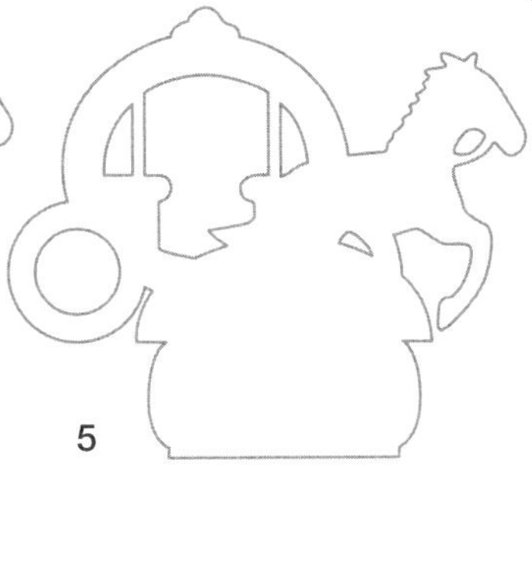

5

切り取り線

切り取り線

3

8

9

切り取り線

切り取り線

切り取り線

P.40

サンタが街にやってきた

厚紙をそのまま切って使えます。組み立て方は42ページ参照。8のパーツはありません。

1

7

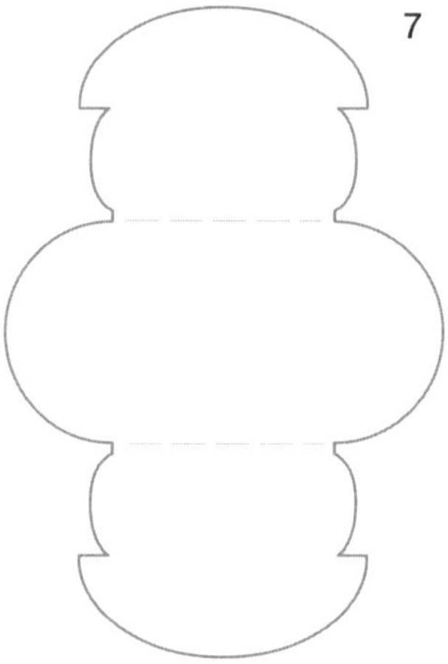

切り取り線

2

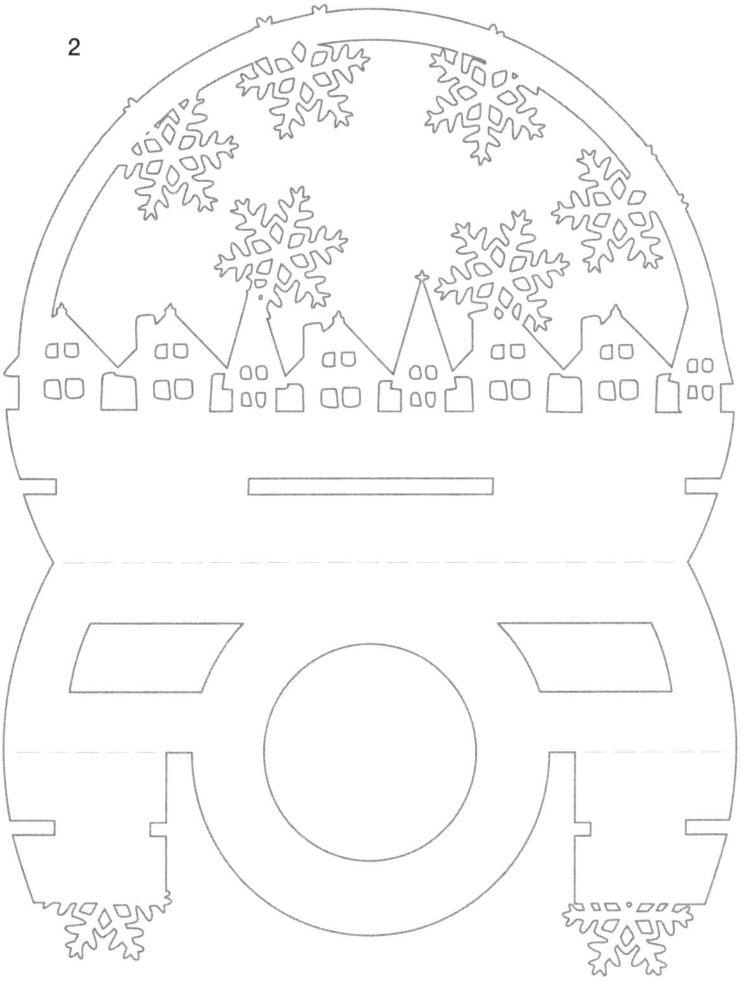

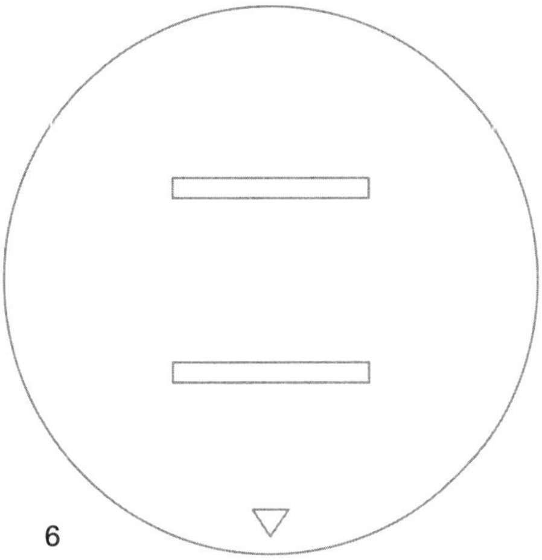

6

4

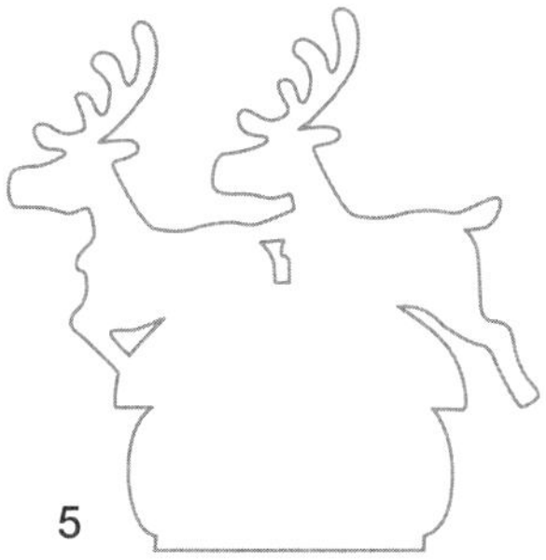

5

切り取り線

切り取り線

3

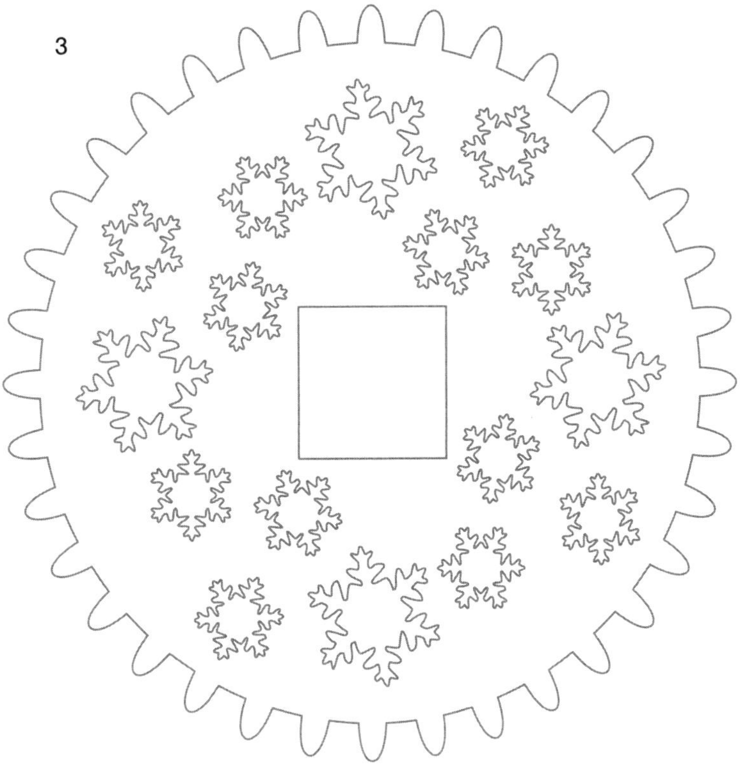

9

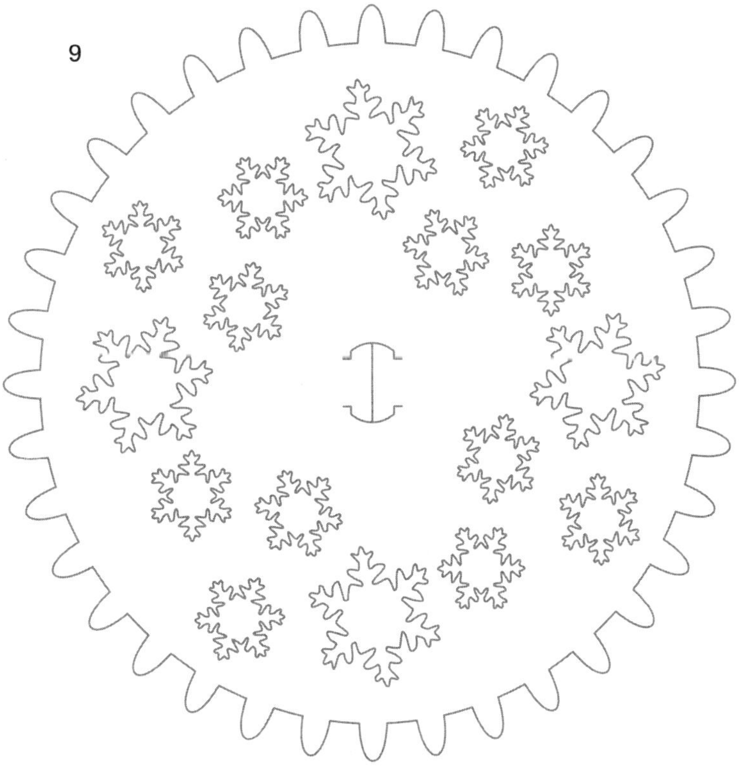

切り取り線

切り取り線

切り取り線

P.50

花のギアワールド

厚紙をそのまま切って使えます。組み立て方は52ページ参照。

1

切り取り線

2

4

切り取り線

切り取り線

切り取り線

6

3

5

切り取り線

9〜12

7

8

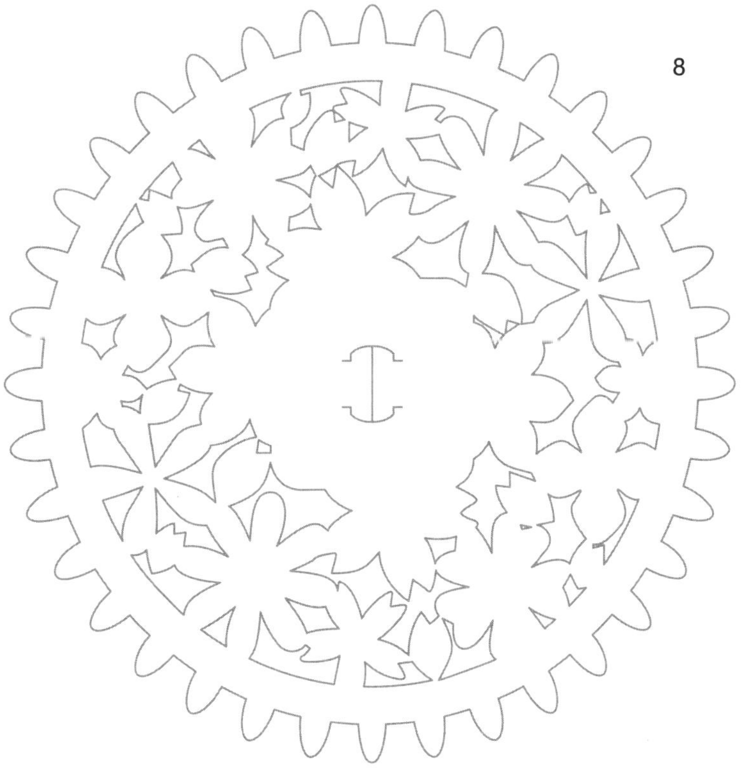

切り取り線

切り取り線

切り取り線

P.63

ギアワールド ミニバージョン

48ページのギアワールドの75%縮小版。厚紙をそのまま切って使えます。組み立て方は52ページ参照。

1

2

4

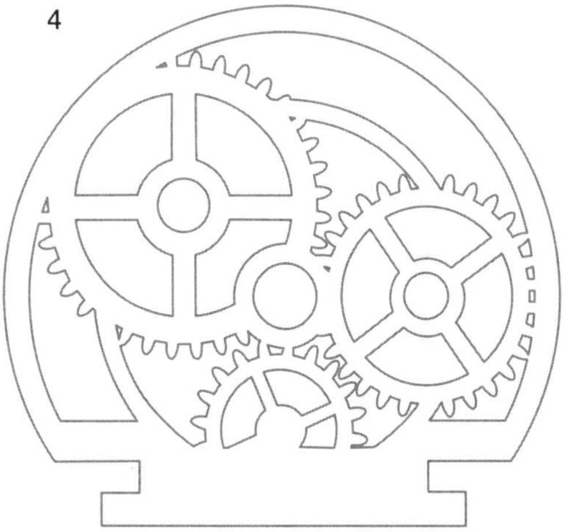

5

6

切り取り線

3

7

9〜12

8

切り取り線

切り取り線